日本語教師トレーニングマニュアル①

日本語の音声入門
解説と演習
新版

猪塚　元
猪塚恵美子　著

バベルプレス

JN105552

音声
ダウンロード付

音声ファイル無料ダウンロード

URL：https://babel.co.jp/bp/

ユーザー名：guest
パスワード：4bmake26

本書内の の表示がある箇所の音声は、上記 URL または QR コードより専用ページにアクセスし、ダウンロードしてください（無料）。

【注意】
音声形式は、MP3 ファイルです。
CD はご用意しておりませんのでご了承ください。

まえがき

　この本は、日本語の発音に関心を持つ（持たざるを得なくなった）人に日本語の音声学の基礎を手引きするための本です。ただし本書を含め音声に関する本を「読む」のが初めてという方は注意が必要です。

　音声の習得は楽器の習得に似ています。ピアノを弾きたい人が入門書を買って読むだけで全く鍵盤に触れず、音楽用語を覚えるだけというのはナンセンスです。音声の入門書も同じです。そこに書かれていることをすべて口に出して、自から発音を観察し、記述と照らし合わせて考えていくということが「読む」ことです。本書の内容を、頭、口、耳できちんと理解していなければ、いくら音声に関する知識だけを増やしても、せいぜいクイズで正解できるだけの単なる蘊蓄話になってしまうことでしょう。ですからこの1冊を上に述べた正しいやりかたで読めば、この本がなくても自分の口や耳がそのまま音声の参考書になるようになります。音を聞いたらそれをまねして発音し、自分の口の動きなどを観察すればいいわけです。

　その目標を達成するには発音時の自分の口の動きを内省してとらえるのが重要です。本書ではその手助けとして発音の際に体のどこをどのように使っているか具体的に知ることができるように「こうすると鼻に息が通っていることがわかる」や「このようにしてこの音を出してください」と説明の中で詳細に触れながら音を説明しています。

　さらに「カ」「キ」「コ」の子音/k/や、「シャ」と「ワ」では母音/a/の発音がどう同じでどう違っているなどを観察してもらうなど、日本語の個々の子音や母音の観察ではかなり詳細な説明もしてあります。これはある意味では「入門」の範囲を超えていると感じられるかもしれませんが、音声を意識するうえでは非常に有効で重要なものなので、あえて入れてあります。これらも含めてすべて発音して確かめながら読み進めてください。

　このように本書は音声について自分で観察できるようになることを一番の目標としています。そのため「日本語の音声」といっても網羅的ではありません。基本的に扱っているのは日本語の音を観察するために必要な一般音声学の基本知識と、それをもとにした日本語の音声の観察や聞き取り、そして共通語のアクセントに関する解説と聞き取りです。音響的な問題には全く触れていません。イントネーションに関する記述も簡略です。このように記述の範囲を限定しているのですが、日本語の音声の正しい学習のための基礎はここに十分尽くされていると思います。なお本書の初版は日本語教育能力検定試験の音声分野の参考書として作られましたが現状でもその役割も十分に果たせるものになっています。

　初めての方はまず各章のはじめにある導入のページをざっと読んでください。そうすれば音声の勉強とは、どういうところに注目して、どう取り組んでいけばいいのかがぼんやりとでも見えてくるはずです。それから順序よく説明を読み、説明にある音を聞き、発音していきましょう。今ではスマホで自撮りも録音もできます。できればそれを録画・録音して記述と自分の耳や口の中の舌な

どの動きの感覚を鍛えていってください。

今回の改訂にあたり、「通読すると音声の概観が見て取れ、必要に応じて詳しい説明を参照できる」「自習のためアクセントや聞き取りの難しい音の音声が聞ける」などの特徴はそのままにして、一般音声学と日本語の音声に関する説明を詳しくするなどしました。さらに本文で例として挙げてある語の発音なども聞けるように加えました。基本的に音の説明に出てくる音は聞けるようにしてありますが、現在ではネットでさらに詳細な基準の音声も参照できるようになっているので、積極的に利用してください。

著者たちの望みは、早くこの本が不要になって、実際の音声の観察に入ってほしいということです。この本を読み終わって、音声を知るとはどういうことかを理解し、音声に敏感になってくれれば、この本の目的は達成されたことになります。

現在では音声学、日本語の音声だけではなく日本語教育に関する音声関連の書籍も多数出版されています。それらの書籍のなかで入手しやすいものを中心に参考文献にあげておきますのでぜひ手に取ってください。本書執筆にあたり、参考にした文献の著書・編者の方々に心からなる感謝をささげます。

本書の背景には初版の前書きで触れ、全面改訂版でも前書きで触れざるをえなかった学校教育における「音声教育」の不毛さがあります。これは現状でも全くかわっていません。初等・中等教育で音声分野は特にですが、文法でも語彙でも母語に関して「語学」としての教育をほぼ経験をしていないことが、日本語力の不足のみならずその後の外国語教育を不毛のものとしていることへの気づきが全くないのです。

音声を例にとってみても、日本語話者にとって発音の基準となる日本語の音をどのように発音しているかがわからなければ外国語を習ってもそれが日本語とどのように違っているかを考え、本当の意味で外国語の発音をマスターすることもできないはずです。

このように音声を含め日本語に関する諸知識は、日本語教師など日本語に関係する仕事を持つ人以外でも、外国語を学ぶ際にも不可欠のものだといえます。著者両名ともそれぞれ語学は異なっていても外国語を教える仕事のなかでこれらのことを痛感してきました。それから得たものも本書の内容に反映されています。

ただ残念ながら前回の改定で本文の執筆のみならず図版の準備、組版まですべて行っていた共著者が今回は具体的作業に参加できませんでした。そのため今回の作業はパートナーとして彼女のやっていた作業の大変さを実感しながら一人で行うことになりました。そのため本人の力不足から執筆の停滞や遅れなどで大変迷惑をおかけしましたが、辛抱強く支えてくださった皆様のおかげで完成させることができました。

最後になってしまいましたが、本書の執筆を辛抱強く見守り完成に導いてくださったバベルプレスの歴代の編集の方々、青山美佳様に心より感謝いたします。

2022 年 3 月 9 日

猪塚　元

猪塚　恵美子

目 次

■コラム

第1章 | 言語音を作るしくみ（発声・調音）

第1章では言語音を作るしくみについて見ていきます。

　言語音を作るには材料が必要です。その材料とは空気の流れです。この材料に音声器官で発声と調音という2段階の加工を加えると、さまざまな言語音である音声を作り出すことができます。まず空気の流れの種類、発声のしくみについて学びます。次にその息が口の中で母音や子音に加工される調音について概観します。

　音声の勉強は決して発音記号の暗記ではありません。私たちは無意識に発音しているので、意識して自分の身体や口を使い、各動作や使っている場所を確認していく作業が必要です。自分でそれらの音を自由に出すことができるようになれば、音声記号を簡単に読み解き、記号で書くことができるのです。ですから、テキストの説明を読んだら、必ず自分の口を使って実際に声を出しながら確認していってください。

第1章のポイント

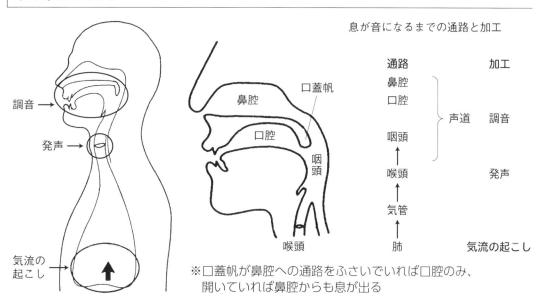

息が音になるまでの通路と加工

※口蓋帆が鼻腔への通路をふさいでいれば口腔のみ、
　開いていれば鼻腔からも息が出る

発声	無声音　声帯の振動：無　　声帯の振動音（＝声）が無く息のみで作られる音
	有声音　声帯の振動：有　　声帯の振動音（＝声）が加わった息で作られる音
調音	子音　息の妨害：有　息を口腔の中のどこかで妨害して作る。無声音も有声音もある
	母音　息の妨害：無　声が加わった息を妨害せず声道で共鳴させる。有声音のみ

1.1　息が音声になるまで

●**気流の起こし**（airstream mechanism）

　言語で使われる音である音声を作るのは縦笛を吹くのによく似ています。音を出すには息を吹き込まなければなりません。笛を吹いてこの肺からの呼気が音声を作る材料になります。

　このような**空気の流れを作り出す段階**を「気流の起こし」といいます。縦笛を吹くときと同じように、日本語ではすべての音は肺からの呼気を使って作られる「肺臓気流機構」になります。

●**発声**（phonation）

　縦笛は息を吹き込むと、息は管を通って下の穴から出て行きます。笛には「ピー」という基本的な音を作る部分と、管に開けた穴を指で押さえていろいろな音を作る部分があります（図1.1）。

　人間の場合には、基本的な音を作るのが「喉頭」の中の「声帯」と呼ばれる部分で、ちょうど喉仏のところあります。喉頭の中には一対の筋肉のひだである声帯があり、それが肺からの呼気で振動することで作られる音（声）が笛の「ピー」の音に当たります。ここで**言語音のもとを作り出す加工が「発声」です。**

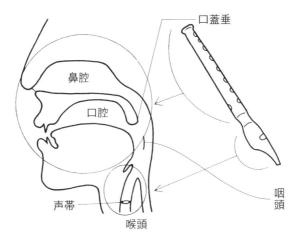

図 1.1　発音することと縦笛は似ている

●**調音**（articulation）

　息は喉頭の上で、口蓋垂（喉ちんことと呼ばれる部分）の裏側の咽頭を経て口腔や鼻腔を通って出て行きます。喉頭より上の、息の通り道全体を声道といい、ここが笛で言えば穴を押さえて、いろいろな音を作る部分に当たります。ここで**呼気を子音や母音にする加工が「調音」です。**

　日本語のような肺を使った「肺臓気流機構」では気流が流出する方向しかありません。これには特別な名称はありません。肺を用いる以外には、喉頭を使って「喉頭気流機構」で気流を流出させて作る「放出音（ejective）」、気流を流入させる「入破音（implosive）」、軟口蓋（舌の後部）と後舌面を用いる「軟口蓋気流機構」で、気流を流入させて作る「吸着音（click）」があります。

1.2 発声

　気流の起こしによって作られた呼気は、まず喉頭（larynx）で加工されます。この加工のことを「発声」といいます。**発声は喉頭にある「声帯（vocal cords）」によってなされます。**

　声帯は、喉頭の中にある一対の筋肉のひだです（図1.2）。声帯を固定している甲羅のような骨が、喉仏と呼ばれる喉頭隆起を外から触るとわかるグリグリした甲状軟骨です。声帯のもう一方は小さな三角の軟骨、披裂軟骨につながっています。この披裂軟骨が回転することにより声帯の間が開いたり閉じたりします。**この一対の声帯の間を「声門（glotis）」と呼びます。**

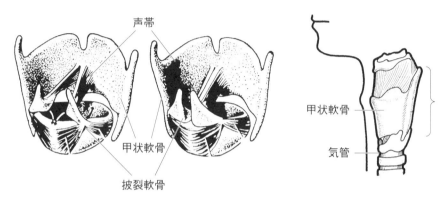

図1.2　開いた声帯（左）と閉じた声帯（右）

　声門の状態を大まかに分類すると図1.3のようになります。上が甲状軟骨、下が披裂軟骨です。

　(a) は声門を開き、呼気が通り抜ける（無声音を発している）状態です。(b) はさらに声門を大きく開け、呼吸をしている状態です。(c) は声帯の間の声帯声門は閉じていますが、軟骨の間の軟骨声門が開いています。これはささやき声を出している状態です。(d) は声門が閉じています。声門が閉鎖されていると、呼気を通しません。重い物を持ち上げるなどして、力を入れたときもこの状態になります。これを音声として利用したときは、無声声門破裂音（39ページ参照）を出していることになります。

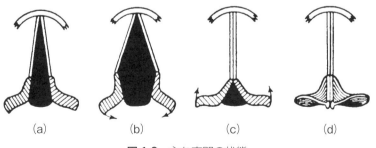

図1.3　主な声門の状態

　なお「つぶやき（息漏れ）」は (a) と (b) の中間程度に声帯が近づき喉頭で摩擦が生じ、声帯の一部が振動している「気音」という状態であるとされます。

　ただし（d）の状態でも声帯が触れあう程度で強く閉じられていなければ、呼気が通る勢いで開閉を繰り返し、声帯が震え、声（voice）を出している（有声音を発している）状態になります。

　声帯の開閉は、簡略には図 1.4 のような経過をたどります。声帯が閉じているところへ下から呼気が上がってくるとその圧力で声帯同士が離れます（①②）。

　声帯の間を呼気が勢いよく通った後は間の気圧が低くなるので、声帯同士が吸い寄せられて閉じ、元の状態に戻ります（③〜⑥）。これを繰り返すことによって、声帯の振動が生まれます。この振動が声となって聞こえるのです。

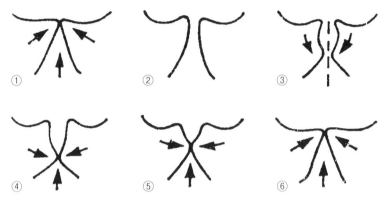

図 1.4　声帯開閉の動き

1.3　有声音・無声音

　例えば、口を大きく開けて息を出すと、ハーと息だけを出したり、アーという声を出したりできます。

　喉に手を当てて、ハーと息だけを吐き出してみると、手には何も感じません。このとき、声帯同士が離れていて、声門が大きく開き、その間を呼気がスーッと通り抜けています。アーと声を出してみると、手にはブルブルと振動が伝わってきます。これは声帯同士が緩く閉じていて、呼気がその間を通り抜けるときに声帯を震わせているからです。**この声帯が振動して出る音を声と呼びます**。ハーと息を出したときには声が出ていなかったということになります。言語音は息を材料に作られるわけですが、その際に単なる息が材料となって作られる場合と、声帯の振動する音である声を伴った息で作られる場合があることになります。

　このように言語音には声帯の振動、つまり声を伴う音と伴わない音があります。**声を伴う音声は「有声音（voiced sound）」、声を伴わない音は「無声音（voiceless sound）」と呼ばれます**。ですから発声の観点からは、あらゆる言語音は「有声音」か「無声音」のいずれかになることになります。

1.4　呼気の通り道　鼻音と口音

　喉頭から上の呼気の通路が声道（vocal tract）です。舌や唇を動かしたり、鼻腔を使ったり使わなかったりすることで、声道の形はさまざまに変化します。この変化を発声という加工をほどこされた呼気に加えることによって、さまざまな音を作ることができます。これが調音です。

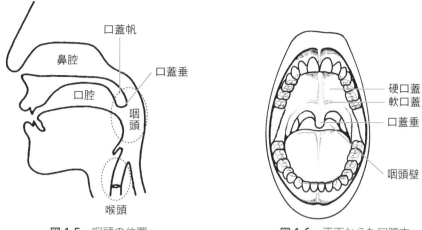

図 1.5　咽頭の位置　　　　　　　　図 1.6　正面からた口腔内

　まずは大きく 3 種類の呼気の通り道を紹介します。喉頭を出た呼気は咽頭（pharynx）へ入ります。咽頭とは口の中を覗いたときに見える口蓋垂（喉ちんこ、uvula）と、その後ろあたりをいいます（図 1.5、1.6）。

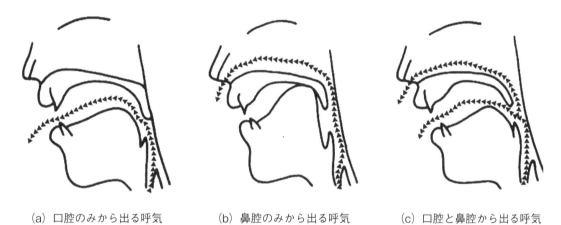

（a）口腔のみから出る呼気　　（b）鼻腔のみから出る呼気　　（c）口腔と鼻腔から出る呼気
図 1.7　呼気の通り道

口蓋垂のつけ根は口蓋帆（velar sail, velum）と呼ばれる筋肉で、上げ下げできます。
　一つ目の呼気の通し方は、口蓋帆を持ち上げて咽頭の壁につけ、**鼻腔（nasal cavity）への通路はふさぎ、呼気を口腔（oral cavity）にのみ通し口から出す方法です（a）**。こうして作られる音を「**口音（oral）**」といいます。ただし、調音の仕方でいろいろな音が作られるため通常は調音別の名称が使われます。
　二つ目は口蓋帆を下げて**鼻腔への通路を開けます。そのとき、口腔のどこかをふさいで、鼻からのみ呼気を通すと「鼻音（nasal）」という子音が作られます（b）**。
　三つ目も口蓋帆を下げて鼻腔への通路を開けます。口腔をふさがず鼻からも口からも同時に呼気を出すと、声を伴った場合に鼻に抜けた母音「鼻母音（nasal vowel）」が作られます（c）。

■ 1.5　調音（母音・子音）

　喉頭から上の呼気の通路が「声道」で、喉頭で発声という加工を加えられた呼気はここでさらに加工されて音声になります。その際に、**舌や唇を動かすことによって声道の形が変わったり、声道のどこかで息が妨害されることによって、さまざまな音に加工されます**。これを「調音」といいます。

　言語音はいろいろありますが、大きくは母音と子音とに分けられます。この2種類の音の違いは、声道において息を積極的に妨害しているかどうかによります。

　縦笛と同じように**声道で息を積極的に妨害することなく、声帯の振動で出る音である「声」を声道内に響かせて（共鳴させて）作られる音が母音**（vowel）です。共鳴の元になる音がなければなりませんから、**母音は基本的にすべて有声音です**。笛の音の違いが共鳴する管の長さによるように、母音の音は基本的に声が共鳴する声道の形や大きさによって変わります。母音に関する詳細は第2章で扱います。

　笛のように共鳴で音を作る母音に対し、言語音には笛とは異なって**声道のどこかをふさいだり、狭くしたりして息を妨害することで作られる音があります**。これが子音（consonant）です。子音の音は妨害をどこでどのようにするかによって変わってきます。子音は声があってもなくても作られるので息の妨害の仕方にもよりますが、発声の違いに応じて無声音も有声音もあります。

　以上をまとめると以下のようになります。

母音：声が加わった息を妨害せず声道で共鳴させる。有声音のみ。
子音：息を口腔内中のどこかで妨害して作る。無声音も有声音もある。

　岡倉由三郎の『発音学講話』（明治34年、宝永館書店）では、「父音（ふ おん）」と「母韻」から「子音」が作られると説明されています。日本語にとってはこの方がわかりやすいかもしれません。母音を「ボイン」と読むことや、現在は「父音」がないことも、これを見ると納得できるかもしれませんね。

	岡倉	現在
子音　k：父音	→	子音
カ　　a：母韻	→	母音

参考

　鼻腔（びこう）、口腔（こうこう）の「腔」の本来の読み方は「こう」ですが、医学用語では同音語（孔など）と区別するため、体内の空間部分を「くう」と言います。鼻腔（びくう）、口腔（こうくう）という言い方は、言語治療などを含め医学関係で広く使われています。

第 1 章　確認問題

問題（　　　　　）の中に適切な語句を書き込んで、以下の説明文を完成させなさい。

　人間がコミュニケーションするために出す音である「音声」は音の材料である「空気の流れ」に対して、（　A　）と（　B　）という加工がなされて作られます。その加工をするのが「音声器官」です。

　気流の起こし：音声の元になる空気の流れを作り出すには何通りかの方法がありますが、日本語で使われる音はすべて「肺からの呼気」で作られます。

　（　A　）：肺からの呼気は気管を経て（　①　）に入ります。（　①　）の中に左右一対の筋肉のひだである（　②　）があり、呼気に対して働きかけます。（　②　）の間の隙間を（　③　）と呼び、その状態が（　A　）の違いをもたらします。
　呼気が（　②　）を振動させなければ息だけが、（　②　）を振動させるときはその振動の音を伴った息が、口や鼻から出ていきます。この（　②　）の振動の音を音声学では（　④　）と呼んでいます。
　（　②　）の振動を伴った呼気で作られる音は（　⑤　）、伴わない単なる息で作られる音は（　⑥　）と呼ばれます。基本的に音は（　⑤　）か（　⑥　）のどちらかに分類できます。

　（　B　）：（　①　）を出た呼気は（　⑦　）に至ります。口蓋帆を（　⑦　）の壁につけ、（　⑧　）への通路をふさぐと（　⑨　）のみから、開けると（　⑧　）からも呼気が出ます。
　（　①　）より上の呼気の通り道を（　⑩　）といい、舌や唇などの動きは、（　⑩　）の形を変えたり、気流を妨害したりしてするさまざまな音を発音する役割を果たすのです。これを（　B　）といいます。その際に声が加わった息を妨害することなく声道で共鳴させることで作られる音を（　⑪　）、息を口腔内のどこかで妨害することで作られる音を（　⑫　）といいます。

コラム 1 ｜ 音声学と音韻論

■ 音声学（phonetics）

　コミュニケーションをするために人間が出す音である「言語音」すなわち「音声」の研究をする学問を音声学といいます。音声によるコミュニケーションには話者が音を生成し、その音が空気中を伝わり、聴者が聞いて理解するというプロセスが必要です。音声学はこのそれぞれの段階に応じて、以下の三つに大きく分けられます。

●調音音声学（articulatory phonetics）：話者を中心に考え、人が音声を発するときに、体のどの器官をどのようにして音を作るかという観点から音を捉える「生理学的な」研究分野。古くから研究されており、日本語の五十音図も、使われている子音を作っている場所が口の中の奥から前の順になっているなど、この調音的な見地から描かれています。現在使われている一般的な音声記号による音声の分類も、基本的にはこの見地からの分類です。本書の記述の基本もこの立場です。
●音響音声学（acoustic phonetics）：音声が空気中を伝わるいわゆる「音波」の特徴を研究する「物理学的」な研究分野。18 世紀頃から始まり、録音がアナログの段階では分析に応じた特殊な装置を必要としました。現在ではパソコンでフリーのソフトウエアを使って基本的な分析ができるようになっています。
●聴覚音声学（auditory phonetics）：聴者を中心に考え、音の知覚や認知に関わる「心理学的」な研究分野。

　音声学の基本は特定の言語に限定されない「一般音声学」ですが、扱う対象によって「英語音声学」、アプローチの仕方によって「実験音声学」「心理音声学」「生理音声学」などの分類がされることもあります。ですからこの本が扱っているのは「一般音声学」的観点での「調音音声学」を基本とした「日本語音声学」ということになります。

■ 音韻論（phonology）

　言語の音は、具体的な音を客観的に捉え「r」と「l」は別の音、「s」と「th」も別の音というように捉えていく、いわば「音声学」的な見方が基本です。しかしある特定の言語、例えば日本語の中で、その言語の話者が音をどのように組織化して分類し、使っているかという捉え方も言語の音の観察では必要になります。このような捉え方で音を扱い研究する分野が「音韻論」で、言語学の中で一つの研究分野を成しています。

　例えば、日本語母語話者が「r」と「l」や「s」と「th」の発音の区別が苦手なのは、客観的な音としては明らかに異なるこの二つが、日本語の中では別のものとして組織化されておらず、通常それを区別しないためです。つまり、日本語としては「r」と「l」は同じ音、「s」と「th」も同じ音というわけです。逆に言えばまた、日本語を学習する外国人学習者の誤りの原因を考える上でも、この捉え方は重要になってきます。

　この例でもわかるように音声学と音韻論は車の両輪のようなもので、お互いに支えあっています。そのために音声の研究をするのには、音韻論の知識も必要となってきます。それについては後ほど第 6 章で触れます。

第 2 章　母音の調音

この章では母音の調音を学びます。

母音は基本的にすべて声帯振動を伴った息で作られる有声音です（無声になる場合に関しては第11章で扱います）。母音は子音と異なり、口の中で息が妨害されないので、声道の大きさや形の違いによって異なる母音が作られます。

笛に例えてみましょう。歌口で作られるのは基本的に1種類の音です。管に開けられた穴をいくつ、どのようにふさぐかによって共鳴する長さを変え、その変化によってさまざまな高さの音を作ります。音声では声帯の振動で作られた音が、舌の位置や口の開きによって形や大きさを変えた声道で共鳴し、さまざまな母音となるわけです。

この章では舌の位置などが、どのように口の中の容積や形に違いをもたらすのか、そしてそれによって母音がどのように音色を変えるのかを考えながら、それをもとにした母音の分類をしていきます。なお日本語の具体的な母音に関しては、第9章で詳しく扱います。

音声の基本はものまねです。最初からできないのは当然で、繰り返してやっていくうちに理解が進みます。ですから、これから後の分類ではとにかく発音してみることが肝心です。最初は説明にある舌の位置や器官の動きといっても、それが口の中のどこがどうなっているか意識することさえ困難で、説明がピンとこないかもしれません。しかし、そこで諦めずに口を思い切り動かして、さまざまな音を発音してみることによって徐々に意識できるようになります。

第2章のポイント

母音の相対的な舌の位置による分類

舌の高さ	舌の前後位置	前舌		後舌	
	高（狭）	/i/		/u/	←円唇（※日本語の「ウ」は非円唇）
	中	/e/		/o/	←円唇
	低（広）		/a/		

上記に基づいた**下記の10個の基本母音を把握しておきましょう。**

口を丸めたイ	C9	円唇	前舌	狭	[y]	[ɯ]	非円唇	後舌	狭	C16	ウ
イ	C1	非円唇	前舌	狭	[i]	[u]	円唇	後舌	狭	C8	口を丸めたウ
狭いエ	C2	非円唇	前舌	半狭	[e]	[o]	円唇	後舌	半狭	C7	狭いオ
広いエ	C3	非円唇	前舌	半広	[ɛ]	[ɔ]	円唇	後舌	半広	C6	広いオ
前のア	C4	非円唇	前舌	広	[a]	[ɑ]	非円唇	後舌	広	C5	後ろのア

■ 2.1　母音の音の違い（舌の相対的位置）

　母音は声帯の振動（声）を伴った呼気が妨害を受けず、口の中で共鳴を起こして出る音です。舌の位置を変えたり、唇を前に突き出したりすることによって、口の中の共鳴腔の容積や形が変化して、そこでの響きの違いが母音の音質の差になります。

　舌は前にも後ろ（奥）にも、高くも低くも動かせます。「イ、エ、ア、オ、ウ」と発音してみてください。「イ、エ、ア」で口が開いていくのと同時に舌が徐々に下がりながら、少し口の奥へ引かれていき、「オ、ウ」で奥に引かれた舌が上がっていくのが確認できると思います。舌は連続して動きますが日本語の母音を発音するときの声道の様子を見てみましょう。

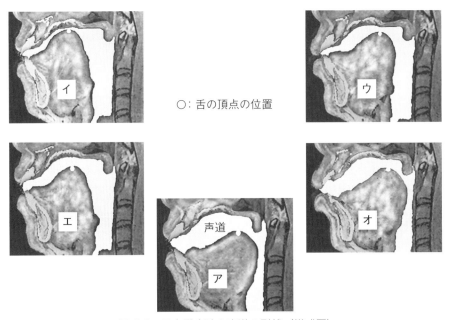

○：舌の頂点の位置

図 2.1　母音発音時の声道の形状（模式図）

　この五つの音がいわば母音の世界の基本です。相対的な位置関係を把握するのが母音を理解する基本です。「イエア」と「ウオア」でそれぞれ口が開いていく（舌が下がっていく）ときの、開き具合に対応する舌の高さを把握しましょう。さらにわかりにくいですが「イウ」と「ウア」で、舌が奥に引かれる感覚を把握しておきましょう。「ア」は音色は違いますが舌の前後に関わりなく「ア」に聞こえます。母音と舌の位置の相対的な関係を以下のように整理しておきましょう。

		舌の前後の位置			
		前	後		
	高	イ	ウ	狭	口
舌の高さ	中	エ	オ	中	の開き
	低	ア		広	
		前後の区別なし			

2.2　母音の分類法

　図2.1で示したように、舌の形で変わる声道の違いが母音の音色の違いをもたらします。この舌の形状を表すのは難しいのですが、図中の白い○で示した舌の頂点の位置が決まると自然に舌の形が決まります。そのためこの舌の頂点の位置を声道の形を決める舌の位置として考えます。以下のように表現される「舌の位置」で母音は基本的に分類することができます。

●1　舌の高さ（開口度）

　声が共鳴する声道の大きさ（容積）の変化に主に関与するのは「舌の高さ」とそれに伴う「開口度」です。舌の頂点の位置が上顎に近く舌の位置が「高い」場合は、顎と舌の間の空間も「狭い」状態で、声道の容積は小さくなります。この状態で発音する母音を**狭母音**（narrow vowel）、**高母音**（high vowel）といいます。それに対して舌の頂点の位置が上顎から離れて舌の位置が「低い」場合は、顎と舌の間の空間が「広い」状態で、声道の容積は広くなります。このときの母音は**広母音**（wide vowel）、**低母音**（low vowel）といいます。また、狭母音と広母音の間は、必要に応じて、半狭母音、半広母音、中母音などといいます。

●2　舌の前後位置

　声道の形の変化に主に関与するのが「舌の前後位置」です。「イ」や「エ」のように舌の前部が上顎の前側（硬口蓋）に向かって盛り上がっている母音を「**前舌母音**（front vowel）」、「オ」のように舌の後部が上顎の奥側（軟口蓋）に向かって盛り上がっている母音を「**後舌母音**（back vowel）」といいます。「奥舌」と呼ばれることもあります。盛り上がる位置がその中間に位置する母音は「**中舌母音**（central vowel）」といいます。

●3　唇の形状（唇の丸めの有無）

　日本語では音の違いに関与しないのでわかりにくいのですが、舌の位置以外に唇の形状も母音の音色に影響を与えるため、母音の分類に用いられます。

　母音は唇を丸めて突き出して発音されれば「円唇（rounded）」、唇を丸めなければ「非円唇（unrounded）」と分類されます。ただし、非円唇の母音には唇が積極的に左右に広げられる「張唇（spread）」と、そうではない「弛唇（neutral）」の母音があります。

母音の分類の用語まとめ（日常的には訓読みと音読みが併用されています。）
開口度：狭（close：せま、きょう）、半狭（close-mid, half-close：はんせま、はんきょう）、
　　　　半広（open-mid, half-open：はんひろ、はんこう）、広（open：ひろ、こう）
舌の高さ：高（high：たか、こう）、半高（mid high：はんたか、はんこう）、
　　　　　半低（mid low：はんひく、はんてい）　低（low：ひく、てい）
舌の前後位置：前舌（front：まえじた、ぜんぜつ）、中舌（middle：なかじた、ちゅうぜつ）、
　　　　　　　後舌（back：うしろした、こうぜつ／奥舌：おくじた、おくぜつ）

▌2.3 母音の基準音

　声道の形を変えるのは舌ですが、舌は連続して動くのでそれに応じて微妙に音が変わっていきます。母音は音の出し方は笛のようですが、笛のように一つ一つの音が独立しているわけではなく、いわばヴァイオリンが弦を押さえる位置で音の高さが連続して変わるように音が変化します。そのため、A_4 が 440 Hz というように、基準となる音が必要です。母音の調音による分類の基準となるものとして、イギリスの音声学者、ダニエル・ジョーンズによって提唱された「基本母音」という考え方があります。以下では、現在も基本的に同じ考え方で用いられているこの「基本母音」を見ながら母音の音を把握していきましょう。

▌2.4 基本母音

　基本母音（Cardinal Vowel）は母音を同じ規準で記述し、比較できるようにしようと、イギリスの音声学者、ダニエル・ジョーンズによって提唱された、いわば母音の基準です。基本母音も 2.2 節で説明した三つの要素で分類していますが、特定の言語の具体的な母音ではなくて、人間が出せる母音の限界点を定めたものです。舌の位置がこの各点を超えてしまえば、息が妨害され母音でなくなってしまうのですから、どこの国の言語の母音も舌の位置は必ずこの基本母音の舌の位置の内側にあることになります。

　調音の観点から定められた限界の一つ目の母音は、口の開きが最も狭く、それ以上近づけると息が妨害され子音になってしまう限界まで舌を口蓋に近づけて前に出した母音 [i] です。もう一つの限界点の母音が、口の開きが最も広く、舌をできる限り下げて奥へ引っ込めた母音 [ɑ] です。その間をそれぞれ耳で聞いて聴覚印象が等間隔になるように 3 等分したのが第一次基本母音です（図 2.2 (a)）。

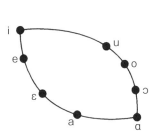

図 2.2 (a)　ダニエル・ジョーンズの第一次基本母音図

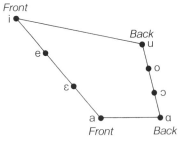

図 2.2 (b)　ダニエル・ジョーンズの第一次基本母音図

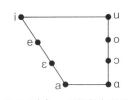

図 2.2 (c)　国際音声記号で使用される母音四角形

　調音上の動きをもとにしたこの図はあまり見やすくないために、ジョーンズは図 2.2 (b) のよう直線を用いた不等辺四角形で書くようにしました。現在の世界共通で用いられている国際音声記号などでは図 2.2 (c) のように簡略化した台形で表しています。

2.5 基本母音に基づいた母音の分類 🎧 **sound 01**

　基本母音の舌の位置を図2.3で見てみましょう。**前舌母音とは舌が硬口蓋に向かって盛り上がり、後舌母音とは軟口蓋に向かって盛り上がっています。**

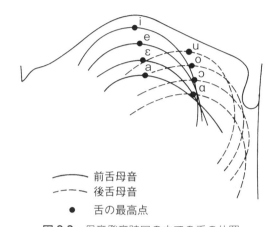

　　　　—— 前舌母音
　　　　---- 後舌母音
　　　● 舌の最高点

図 2.3　母音発音時口の中での舌の位置
(J. C. Catford: A Practical Introduction to Phonetics, 1988)

　この図に示した八つを第一次基本母音といいます。非円唇母音のうち C1、C2 は唇が積極的に左右に広げられる「張唇母音」で、C3、C4、C5 は「弛唇母音」です。円唇母音のうち C7、C8 は口が小さく丸められ円唇の程度が強く、C6 はそれほどではありません。第一次基本母音と唇の丸めの有無が逆になっている八つの母音と、下図にはありませんが「非円唇中舌狭母音［ɨ］（C17）」と「円唇中舌狭母音［ʉ］（C18）」の 10 個が第二次基本母音です。以下が基本母音の一覧です。基本母音には、Cardinal Vowel の C に反時計回りの番号がつけられています。

　国際音声記号表の母音チャート（52 ページ）も基本的に同じ原理で分類されています。ダニエル・ジョーンズ自身の基本母音の発音などを含め、インターネットで聞くことができます。活用してください。

第一次基本母音

C1　非円唇　前舌　狭母音　　［i］　　　　［u］　C8　円唇　　後舌　狭母音
C2　非円唇　前舌　半狭母音　［e］　　　　［o］　C7　円唇　　後舌　半狭母音
C3　非円唇　前舌　半広母音　　［ɛ］　　　［ɔ］　C6　円唇　　後舌　半広母音
C4　非円唇　前舌　広母音　　　　［a］　［ɑ］　C5　非円唇　後舌　広母音

第二次基本母音（中舌母音を除く）

C9　円唇　前舌　狭母音　　［y］　　　　［ɯ］　C16　非円唇　後舌　狭母音
C10　円唇　前舌　半狭母音　［ø］　　　　［ɤ］　C15　非円唇　後舌　半狭母音
C11　円唇　前舌　半広母音　　［œ］　［ʌ］　C14　非円唇　後舌　半広母音
C12　円唇　前舌　広母音　　　［ɶ］　［ɒ］　C13　円唇　　後舌　広母音

第2章　確認問題

問題　（　　　　）の中に適切な語句を書き込んで、以下の説明文を完成させなさい。

　母音は声帯の振動で出る（　①　）を声道に共鳴させて作る音です。共鳴する声道の形や大きさで音が決まります。そのため母音は以下のように分類されます。

　主に「声道の形」を変えるのは（　②　）です。この分類では母音「イ」や「エ」が（　③　）母音、「ウ」や「オ」が（　④　）母音とされます。

　主に「声道の大きさ（容積）」を変えるのは（　⑤　）です。この分類では母音「イ」や「ウ」が（　⑥　）母音、「ア」が（　⑦　）母音になります。基本的な母音の音色はこれで決まります。

　母音の調音の際に（　⑧　）も母音の音色に関与し、母音の分類に使われます。ただしこの特徴は日本語では母音の区別には直接的には関与しません。

　母音「アイウエオ」を舌の位置によって大まかに分類すると以下のようになります。

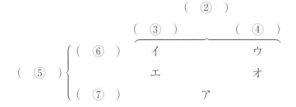

 聴解問題　**sound 02**

　今から流れる母音（C1-C8、C9、C16）を聞き取り、音声記号を記し、調音の特徴を選んでください。

	唇の丸め	舌の前後位置	開口度	
1 [　]	円唇・非円唇	前舌・後舌	狭・半狭・半広・広	母音
2 [　]	円唇・非円唇	前舌・後舌	狭・半狭・半広・広	母音
3 [　]	円唇・非円唇	前舌・後舌	狭・半狭・半広・広	母音
4 [　]	円唇・非円唇	前舌・後舌	狭・半狭・半広・広	母音
5 [　]	円唇・非円唇	前舌・後舌	狭・半狭・半広・広	母音
6 [　]	円唇・非円唇	前舌・後舌	狭・半狭・半広・広	母音
7 [　]	円唇・非円唇	前舌・後舌	狭・半狭・半広・広	母音
8 [　]	円唇・非円唇	前舌・後舌	狭・半狭・半広・広	母音
9 [　]	円唇・非円唇	前舌・後舌	狭・半狭・半広・広	母音
10 [　]	円唇・非円唇	前舌・後舌	狭・半狭・半広・広	母音

第3章 ┃ 子音の調音──調音点（調音位置）

　子音は息を妨害することによって作られる音です。その際に、どのように息を妨害するか、さらに同じ妨害法でも口腔内のどこで妨害を行うかで音が変わります。

　息を妨害する位置を「調音点（調音位置）」、息を妨害する方法を「調音法（調音様式）」といいます。

　この章では妨害の場所である調音点について扱います。続く第4章で妨害の方法である調音法を概観し、子音の調音の仕方からの分類の基本を学びます。

　調音点を扱うこの章では口腔内の音声器官の名称を学び、子音を作るとき、それらの音声器官のどことどこを使っているかを見ていきます。もちろん同じ場所で作られる子音であっても、息の妨害法、すなわち調音法が変わると、異なる音になります。また同じ調音点、調音法であっても、発声が異なれば、まったく異なった音になります。

　発声、調音点、調音法を含めた詳しい子音の分類は第5章で扱うことになります。そのときには一つ一つの音ごとに調音の様子を確認していきます。その準備としてこの章では、例に挙げた語を発音しながら、おおまかでいいので調音の場所を確認していきましょう。自分の口で確かめながら、音とそれを作るために呼気を妨害している場所を結びつけ、名前と一緒にしっかり覚えておきましょう。

　調音に唇を用いている場合や、舌が歯や歯茎に接触している場合は、鏡を見ると息の妨害の位置が意識しやすいと思います。しかし口の奥のほうで妨害している場合は、どこに舌が当たっているのかわからないかもしれません。そんなときは口の中に細い棒状のお菓子などを入れて発音してみるのも効果的です。

第3章のポイント　　口腔断面図による調音点の概観

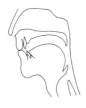   

調音点	両唇	歯茎	硬口蓋	軟口蓋
上部	上唇	歯茎	硬口蓋後部	軟口蓋
下部	下唇	舌先	前舌	後舌

3.1　口腔の上部（上顎）の音声器官の名称

　声帯を出た呼気は声道で調音され、子音や母音が作られます。さまざまな音を作り出すのに、声道の各部分が使われます。声道の上の部分（上顎など）には動く部分はなく、声道の下の部分（舌など）が積極的に上の部分に近づいたり、触れたりして調音を行っています。積極的に動く下の部分を調音体（articulator）といいます。

　息を妨害する位置を理解するには、唇（lips）を別とすれば口腔の上部の器官が重要です。前から「歯（teeth）」「歯茎（alveolar ridge）」があります（音声の用語では音読みですが、一般的な説明では慣用的に「は」「はぐき」と呼ぶこともよくあります）。調音に関わるのは「歯」の中の前歯四本とその裏側の「歯茎」です。歯茎より奥の上顎全体を「口蓋（palate）」といいます。口蓋のうち、口腔の前側、奥歯が生えているあたりまでの上顎の堅い部分で総入れ歯や歯の模型などに見られる部分が「硬口蓋（hard palate）」、それから後ろの口蓋垂までの骨がなく柔らかい部分を「軟口蓋（soft palate, velum）」といいます。

　調音の際の妨害の位置を理解するためには、さらにそれぞれを前部と後部に分けた分類が使われます。「歯茎」は歯側の「歯茎」と硬口蓋寄りの「後部歯茎（硬口蓋歯茎）」に分けて扱われます。硬口蓋も前部と後部に分け、歯茎のすぐ後ろの前部を「歯茎硬口蓋」、軟口蓋に続く後部を「硬口蓋」といいます。この後部は「高口蓋」と呼ばれることもあります。

　軟口蓋が喉の奥で垂れ下がったいわゆる「喉ちんこ（喉彦）」と呼ばれる部分のみは「口蓋垂（uvula）」といいます。古くは「懸雍垂」ともいわれていました。軟口蓋は後部は口蓋垂と共に動き、その咽頭の壁に面していて鼻腔への息の通り道を開けたり閉じたりする機能に注目するときは「口蓋帆（velum）」と呼ばれることがあります。

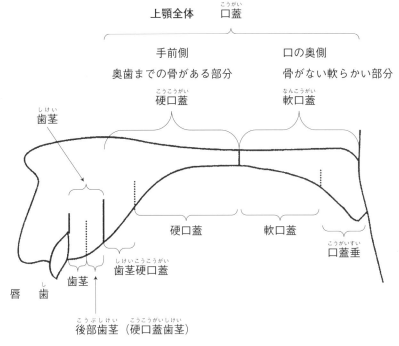

図3.1　上顎全体

■ 3.2　口腔の下部（舌）の音声器官の名称

　唇と歯を除けば、声道の下の部分で積極的に上顎の部分に働きかけて音声を作る「調音体」は基本的には「舌（ゼツ・シタ：tongue）」です。調音に用いられる舌の各部の名称は以下のようになっています。

　舌の最先端を「舌尖（tip of the tongue, apex）」、その後ろの舌の細くなっているところを「舌端（blade of the tongue）」といいます。通常はこの２つを合わせて簡略に「舌先」ということも多いです。

　その後ろの舌端から最も奥の咽頭付近の「舌根」までの間を二つに分け、**硬口蓋に面している舌の前側を「前舌（front of the tongue）」、軟口蓋に面している舌の奥の部分を「後舌（back of the tongue）」と呼びます。** 前舌と後舌の間の部分を「中舌（center of the tongue）」ということもあります。なお後舌面の表面は舌背（dorsum）、舌の最奥部は舌根（root）と呼ばれます。なお、「母音の分類の用語まとめ（11ページ）」にあるように、音読みも併用されています。

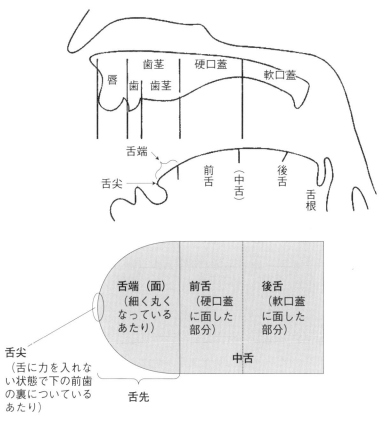

図 3.2　舌の各部の名称

▌3.3　音声器官まとめ

　今は名前だけでピンとこないと思われますが、以降でさまざまな音を学ぶとき、口を動かしながら確認していくことで具体的に理解できると思います。図3.3で音声器官の位置と名前を確認しておきましょう。

　上顎（口蓋）の部分の名称は複雑に思えますが、まずは日本語の発音に重要な歯茎、硬口蓋、軟口蓋の部分を覚えましょう。それぞれ二分しながら拡張していけば、容易に全体を把握できると思います。

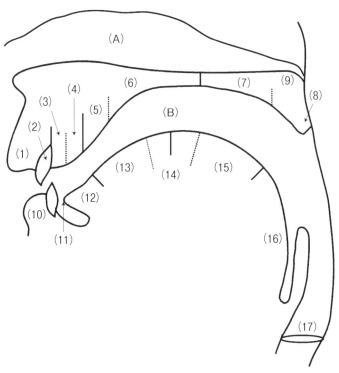

図 3.3　調音器官の名称

（A）鼻腔　　　　　（B）口腔
　　　　　　　　　（1）上唇
　　　　　　　　　（2）歯
広義の歯茎：　　　（3）歯茎　　　　　　（4）後部歯茎（硬口蓋歯茎）
広義の硬口蓋：　　（5）歯茎硬口蓋　　　（6）硬口蓋
広義の軟口蓋：　　（7）軟口蓋　　　　　（8）口蓋垂
　　　　　　　　　（9）口蓋帆
　　　　　　　　　（10）下唇
舌先：　　　　　　（11）舌尖　　　　　　（12）舌端
　　　　　　　　　（13）前舌　　　　　　（14）中舌　　　　（15）後舌　　　　（16）舌根
　　　　　　　　　（17）声帯

3.4　代表的な調音点（調音位置）

　子音を作るために呼気を妨害する位置を調音点（調音位置）といいます。下顎の能動的な調音体（articulator）を上顎の受動的な調音点（point of articulation）に接近・接触させて息を妨害するという観点から、子音の息の妨害の位置を伝統的に「調音点」と呼んできました。現在では接触が「点」ではないことや、調音点と調音体の区別が困難な調音の存在などから「調音位置（place of articulation）」や「調音部位」と呼ばれるようになっています。

　ただし現状ではまだ多くの書籍で「調音点」を使っていることなどを鑑み、本書では「調音点」という用語を使用して調音位置を説明します。

　調音の様子を示す「口腔断面図」で代表的な調音点での妨害の状態を見て、発音しながら調音点を確認してみましょう。同じ調音点で異なる音があるのは、「（　　）」で添えてある妨害の方法である調音法の違いによりますが、今は気にしないで大丈夫です。

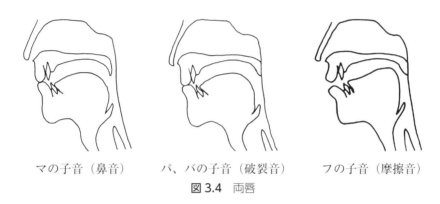

　　マの子音（鼻音）　　パ、バの子音（破裂音）　　フの子音（摩擦音）

図 3.4　両唇

　上下の唇を閉鎖したり、接近させたりして息を妨害するときの調音点は「両唇（bilabial）」といわれます。「パ、バ、マ」と発音すると上下の唇が閉じるのがわかると思います。この場合、声道は調音点で完全に閉鎖されています。それに対して「フ」は「ハヒフヘホ」と発音すると「フ」だけ唇が近づきます。熱いものを冷ますときや、蝋燭を吹き消すときの「フー」のイメージです。完全に閉鎖はしませんが、息の通る隙間が狭いので、そこで息が妨害されて子音が作られます。

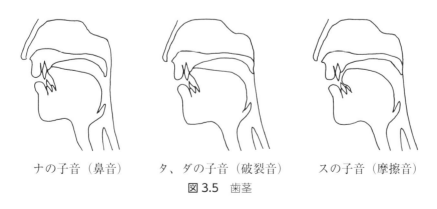

　　ナの子音（鼻音）　　タ、ダの子音（破裂音）　　スの子音（摩擦音）

図 3.5　歯茎

　舌先を歯茎に当てて閉鎖したり、接近させたりして息を妨害するときの調音点は「歯茎（alveolar）」

といわれます。舌先が歯茎に当たったり、接近したりして息を妨害しています。「タダナ」とか「タタタタ」のように連続して発音したり、力を入れて発音したりすると舌先が当たっている感覚がわかるでしょう。鏡を見ながら発音するのも効果的です。

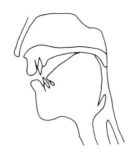

カ、ガの子音（破裂音）
図 3.6　軟口蓋

　後舌を軟口蓋に当てて閉鎖したり、接近させたりして息を妨害するときの調音点は「軟口蓋（velar）」といわれます。 調音点が奥なのでわかりにくいですが、例えば棒状の菓子などをかなり口の奥まで入れても「アガ」と発音するのに差し支えありません。口の前のほうはまったくふさがっていません。

　まずは、以上三つの調音点の感覚をつかんでおきましょう。気づいた方もいるでしょうが五十音図のアの段の「カ（軟口蓋）、サタナ（歯茎）、パマ（両唇）」の子音はこの 3 カ所で作られています。「ハ」のかわりに「パ」とするのは、五十音図が作られた当時のハ行音に相当するからです。調音点の順に並んでいることも見てとれるでしょう（コラム 5 参照）。

　調音点は、調音法によっては「歯音・歯茎音・後部歯茎音」などを一つの音声記号で示し、補助記号で区別する場合があります。その場合は代表として「歯茎」という調音点で呼ばれていることもあるので注意する必要があります（コラム 2 参照）。
　またここで示した口腔断面図（正中矢状口腔断面図）は体を縦方向、いわゆる鼻筋で断った図になっています。そのため舌などの接触の全体を捉えているわけではありません。実際の上顎への舌の接触状況は図 4.5 のパラトグラム（上顎を下から見た図）も参照してください。

■ 3.5　調音点（調音位置）まとめ

　国際音声記号（52 ページ参照）で示されている肺臓気流の子音には、11 の調音点が挙げられています。その他の子音の中で挙げられている重要なもの 2 点（a、b）を含め、それぞれの調音点で作られる音と対応する調音位置を以下に示します。太字は日本語の発音に通常見られる調音点です。

作られる音の名称	調音位置
1　両唇音（bilabial）	上唇と下唇
2　唇歯音（labiodental）	上の門歯（＝前歯）と下唇
3　歯音（dental）	上の門歯と舌先（＝舌尖もしくは舌端）
4　歯茎音（alveolar）	歯茎と舌先
5　後部歯茎音（postalveolar）＊	後部歯茎と舌先（＝舌端）
6　そり舌音（retroflex）	後部歯茎と舌尖もしくは舌先の裏と硬口蓋前部
a　歯茎硬口蓋音（alveolar-palatal）	前部硬口蓋と前舌
7　硬口蓋音（palatal）	後部硬口蓋と後舌
8　軟口蓋音（velar）	軟口蓋と後舌
9　口蓋垂音（uvlar）	口蓋垂と後舌（舌根）
10　咽頭音（pharyngial）	咽頭中部と舌根
11　声門音（glottal）	声門（声帯の隙間）
b　両唇軟口蓋音（labial-velar）	「上唇と下唇」と「軟口蓋と後舌」の二重調音

　上記のように調音点の名称は、舌の形状を用いている「そり舌」、上下の名称を使わないと区別できない「両唇」と「唇歯」、調音点と調音体の区別がつけられない声帯の隙間の「声門」をのぞき、基本的には上顎の音声器官の名称のみが使われます。

＊以前からの「硬口蓋歯茎音（palate-alveolar）」という名称も使われている。

> 　歯音は、日本語の「タ」の音に見られる舌先と上の前歯の裏側で作られる「歯裏音（postdental）」と英語の th のように舌先が上歯の下部に接近する「歯間音（interdental）」に分けられる。
>
> 　調音の際に前舌（舌先）が上顎に近づいて調音される場合「舌尖的（apical）」、舌端が関わると舌端的（laminal）」、前舌（舌先）は下顎につき、後舌面が調音に関わると「舌背的（dorsal）」な音といわれる。
>
> 　詳細な音の違いを示す必要に応じて、「舌尖・歯茎音（apico-dental）」、「舌端・歯茎音（lamino-alveolar）」、「前舌面硬口蓋（front-palatal）」、「後舌面軟口蓋（dorso-velar）」のように、調音体を示すこともある。

　次ページに調音点で重要なものを、それぞれの子音や子音を含んだ単語などと共に挙げておきます。発音しながら確かめていってください。

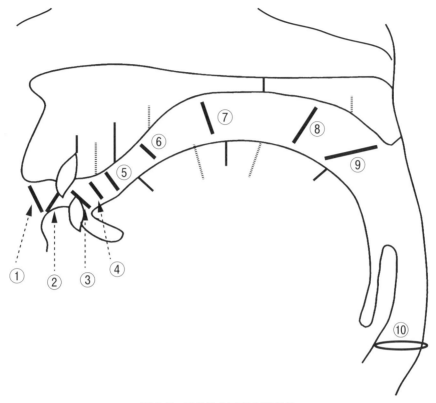

図 3.7　その他の子音の調音点

	調音点	音の例（それぞれの子音または下線の音）
①	両唇	マ・パ・バ行、フ
②	唇歯	five、violin
③	歯	this、that
④	歯茎	サ・ザ・タ・ダ・ナ行（イの段を除く）、ラ行
⑤	後部歯茎	ship、she
⑥	歯茎硬口蓋	シ、ジ、チ、ヂ、ニ
⑦	硬口蓋	ヒ、（ニ）
⑧	軟口蓋	カ・ガ行
⑨	口蓋垂	語末の「ン」（語頭には来ない）
⑩	声門	ハ、ヘ、ホ

第3章　確認問題

問題　以下の調音に関わる器官や場所の名称を答えてください。

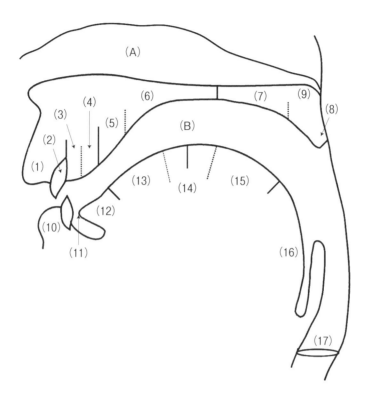

（A）＿＿＿＿＿＿　　（B）＿＿＿＿＿＿

（1）＿＿＿＿＿＿

（2）＿＿＿＿＿＿

（3）＿＿＿＿＿　　（4）＿＿＿＿＿（あわせて広義の（3））

（5）＿＿＿＿＿　　（6）＿＿＿＿＿（あわせて広義の（5））

（7）＿＿＿＿＿　　（8）＿＿＿＿＿＿（あわせて広義の（7））

（9）＿＿＿＿＿

（10）＿＿＿＿＿

（11）＿＿＿＿＿　　（12）＿＿＿＿＿（あわせて「舌先」）

（13）＿＿＿＿＿　　（14）＿＿＿＿＿　　（15）＿＿＿＿＿　　（16）＿＿＿＿＿

（17）＿＿＿＿＿

コラム 2 ｜ 簡略表記と調音点の幅

　音声記号表を見るとわかりますが、摩擦音以外の調音法の音では、摩擦音ほど細かく、調音点ごとに音声記号が決められてはいません。以下、説明のためにその他の記号にある「歯茎硬口蓋音」を表に加え、調音法の順を変えて簡略化してあります。

	歯	歯茎	後部歯茎	歯茎硬口蓋	硬口蓋
摩擦音	θ ð	s z	ʃ ʒ	ɕ ʑ	ç ʝ
鼻音		n		ɲ	
破裂音		t d		c ɟ	

　摩擦音はそれぞれ、歯音は［θ ð］、歯茎音は［s z］、後部歯茎音［ʃ ʒ］というように、調音点ごとに別の音声記号が与えられているので、歯茎という調音点は本当に歯茎のみを指し、歯や後部歯茎を含むことはありません。それに対し、鼻音や破裂音では、歯音も歯茎音も後部歯茎音も区別しないで区切りの入らない大きな四角になっています。そしてその中心にあたる歯茎のところに破裂音なら［t d］、鼻音なら［n］というように書いてあります。ですから、簡略にこれらの［t d］［n］などの調音点を「歯茎」と言った場合には、その歯茎という調音点は歯や後部歯茎を含んでいると考えられます。

　例えば、英語やドイツ語などの、いわゆるゲルマン語では［t d］の音の調音点は歯茎ですが、フランス語やスペイン語そして日本語などでは［t d］の音の調音点は歯茎よりも「歯」の方であるといわれています。もし区別したい場合は補助記号を用いて無声歯破裂音なら［t̪］のように表記することになります。

　硬口蓋音も同様です。摩擦音では歯茎硬口蓋音は［ɕ ʑ］、硬口蓋音［ç ʝ］と別の記号が与えられていますが、鼻音や破裂音は歯茎硬口蓋と硬口蓋の区別をしません。ですから鼻音［ɲ］は硬口蓋鼻音といわれますが、この硬口蓋には歯茎硬口蓋も含んで言っていることになります。もし有声歯茎硬口蓋鼻音を表記すると「前よりの補助記号」［+］を用いて［ɲ̟］のように表記することになります。ただし簡略表記では補助記号は使わないで表記するので、日本語の「ニ」の子音を音声表記するとき、同じ［ɲ］の記号が用いられていても調音点の名称が「硬口蓋」だったり「歯茎硬口蓋」だったりする一因になっています。

　以上を含めた詳細は第9章で五十音図に基づいて日本語の発音を見ていくときに扱います。

第**4**章 子音の調音──調音法（調音様式）

　前章では息の妨害の位置である、調音点について説明しましたが、この章では息の妨害の方法である調音法（調音様式）について扱います。

　両唇音の「フ」の子音は「フー」と息を出している限り、長く延ばすことができます。それに対し、同じ両唇を使っている「プ」の子音は延ばせません。唇を閉じて息をため、たまった息を出すため口を開け、そのとき「プ」の音が一瞬出てすぐに消えてしまいます。このように「フ」と「プ」では音の作り方、すなわち調音法が違います。

　同じ調音法で作られる子音であっても、調音点が変わると異なる音になります。さまざまな調音法を試してみるときは、まずは調音点としてわかりやすい両唇音や歯茎音で試してみるといいと思います。また同じ調音点、調音法でも第1章で学んだように、声帯振動を伴った呼気で作られる有声音か、伴わない単なる息で作られる無声音かでも異なる音になります。有声と無声の区別をしながら発音してみてください。

　なお、この章で挙げてある例は、その行、仮名に含まれる子音を指しています。ここではあまり細かい音の差異にはこだわらず、同じ調音法の例に挙げられている単語例を調音点の順に発音したり、調音点を決め、調音法だけを変えて発音したりしながら、調音法の違いによる音の違いをつかんでください。

第4章のポイント

代表的な三つの調音法（以下の図の調音点はすべて「両唇」）

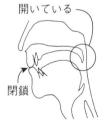

鼻音　開いている

閉鎖

口を調音点で閉じて、
鼻に有声の息を通す。

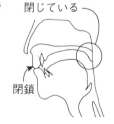

破裂音　閉じている

閉鎖

調音点で口を閉じて、息をため、
その後開けて、一気に息を出す。

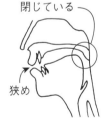

摩擦音　閉じている

狭め

調音点に狭い隙間を作り
息を吐きながら音を出す。

▌ 4.1　調音法（調音様式）

　子音の息の妨害の仕方を調音法（manner of articulation）といいます。最近は調音様式と呼ばれるようになっています。ただし現状ではまだ多くの書籍で「調音法」を使っていることなどを鑑み、本書では「調音法」という用語を使用して「調音様式」を説明します。子音は呼気の流れを声道内のどこかの調音点で妨害することによって作られる音です。調音法はその妨害の仕方ということになります。

　なおこれから述べる調音法はその後ろに「〜音」とついています。それは通常、その調音法で作られた音の名前を調音法の名前としても使うからです。

▌ 4.2　調音法の分類

　口蓋帆を咽頭の壁から離して、鼻腔へ息を通すときは鼻腔内では息を妨害することができず通常は有声音のみなので、口腔にも息が通ると鼻母音になってしまいます。そのため子音としての鼻音は、口腔をどこかで閉鎖し、鼻腔のみに息を通すことになります。

　それに対し調音の際に、多くの調音法では口蓋帆を咽頭の壁につけて、鼻腔への通路をふさいで、息を口にだけ通します。これらの音をまとめて「口音」と呼びます。ただし「口音」はさらに口腔内での息の妨害の種類に応じた調音法で呼ばれるのが普通です。

　さらに息の妨害の程度で調音法を分類すると、息を完全に閉鎖して気流を遮断する方法と、完全には閉鎖しない方法に分かれます。

　完全に閉鎖する音は、その閉鎖の仕方に応じて以下に分かれます。

　　　完全に1回閉鎖する：鼻音（nasal）　鼻腔の関与あり
　　　完全に1回閉鎖する：破裂音（plosive）　鼻腔の関与なし
　　　瞬間的に1回閉鎖する：はじき音（tap）、はたき音（flap）
　　　瞬間的な閉鎖が繰り返される：ふるえ音（trill）

　完全に閉鎖しない音は、狭め（狭窄）の度合いに応じて二つに分かれます。

　　　狭窄が強く、息が通るとき気流が乱されて隙間風のような音が出る：摩擦音（fricative）
　　　狭窄が気流が乱されない程度に緩く、狭母音に近い音色を持つ：接近音（approximant）

　以上の二つの音は、気流が中央を通る中線的（central）な音を指し、気流が脇を通る場合はそれぞれ「側面摩擦音（lateral fricative）」、「側面接近音（lateral approximant）」と呼ばれます。なお「鼻音、摩擦音」などは調音の構えを呼気の続く限り維持できる「**継続音**（continuant）」、それに対し「破裂音、破擦音、半母音」などは調音が一時的ですぐに次の音に移行する「**一時音**（momentary sound）」とされます。また「破裂音、破擦音、摩擦音」などは声道の狭窄が完全かごく狭くて呼気の流出の妨害が大きい「**阻害音**（obstruent）」で有声音と無声音があります。それに対し「鼻音、接近音」などは声道の共鳴が音色に影響を与え、母音に近い「**自鳴音**（sonorant）」で有声音のみです。

　次ページから代表的な調音法について見ていきます。

4.3 鼻音

鼻音（nasal）を作るには息が口から漏れないように口腔内のどこかに完全な閉鎖を作ります。そして**口蓋帆を咽頭の壁から離して、鼻腔に息を通します**。ただし鼻腔の中では呼気に加工を加えることができないので、声帯振動のない無声の息を通すと、単なる鼻息になってしまいます。そのため通常の鼻音は声帯振動を持つ有声の音です。**息が続く限り長く延ばすことができます。**

鼻音は口腔内の閉鎖位置（調音点）より奥の口腔の部分と鼻腔で共鳴して音になります。調音点が変われば共鳴する部分の形も容積も変わるので、さまざまな鼻音になります。

両唇を調音点とした鼻音の口腔断面図は図4.1のようになります。この鼻音を出してみましょう。調音点である両唇を閉鎖し、鼻に声を伴った息を通しています。「ンー」という、いわゆるハミングです。鼻音は息が続く限り長く延ばすことができます。その際鼻に指を当てて発音してみると、指にかすかな振動を感じます。鼻の下に鏡を置くと、鼻からの息で鏡がくもります。

この「ンー」のあと母音の「ア」を発音すると「ンーマ」のように聞こえると思います。これが「マ」の子音に当たる「有声両唇鼻音」です。また、歯茎に舌先を当てて閉鎖を作り鼻音を作ってもやはり「ンー」に聞こえます。ただし今度はそのまま母音の「ア」を続けて発音すると「ンーナ」のように聞こえると思います。これが「ナ」の子音に相当する「有声歯茎鼻音」です。

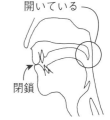

【例】有声　マ、ナ、<u>m</u>ap、<u>n</u>ot

図 4.1　鼻音

4.4 破裂音

破裂音（plosive）を作るには口腔内のどこかに完全な閉鎖を作り、閉鎖させたまま呼気を口腔内に送り込みます。口腔内に十分に呼気がたまり、圧力が高まったところで閉鎖を開放し、口腔内にたまっていた呼気を一気に放出します。そのとき出る音が破裂音です。風船を針で破裂させたようなもので、**瞬間的な音です**。閉鎖音（stop）とも呼ばれます。

両唇を調音点とした破裂音の閉鎖段階の口腔断面図は図4.2のようになります。この両唇を調音点とした破裂音を出してみましょう。調音点である両唇を閉鎖し、たまった息で唇の閉鎖を破るように解放すると「プッ」のような音が出ます。これが「プ」の子音の「無声両唇破裂音」です。同じことを声帯振動を伴った息で発音すると「ブ」のような音になり、これが「有声両唇破裂音」です。閉鎖音は瞬間的な音で持続せず、子音自体を長く発音することはできません。

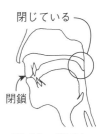

【例】無声　パ、タ、カ　<u>p</u>in、<u>t</u>ake、<u>k</u>iss
　　　有声　バ、ダ、ガ　<u>b</u>ig、<u>d</u>esk、<u>g</u>ood

図 4.2　破裂音

4.5 摩擦音

摩擦音（fricative）は、調音点に狭め（狭窄）を作り、そこを呼気が通るときに、調音器官の口腔の壁との摩擦で息の流れに乱れが起きて出る音です。息が続く限り長く延ばすことができます。

摩擦音を意識するには、英語の f や v の発音を考えるとイメージしやすいでしょう。「上の歯で下の唇を軽く噛むようにして」というような指示は唇歯の調音点を伝え、「そこに息を通す」というのが摩擦音の調音法を伝えることになります。こうして作られる音が「無声唇歯摩擦音」の f の子音です。さらに「声を出して発音する」という声帯振動を加える指示をすると「有声唇歯摩擦音」である v の子音が発音されることになります。

図 4.3　摩擦音

	日本語	英語
【例】無声	サ行、ハ行	<u>f</u>ive、<u>s</u>i<u>x</u>、<u>s</u>he、<u>h</u>e
有声	ザ行（主に語中）	<u>v</u>iolin、<u>z</u>oo

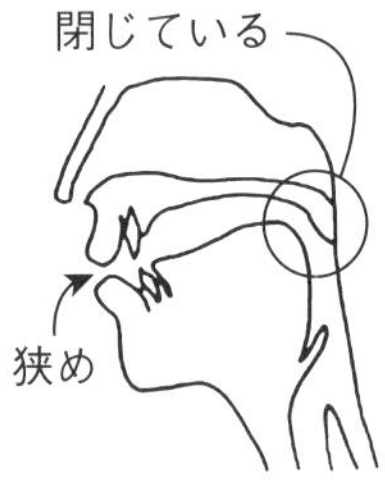

日本語のサ行の音は摩擦音ですが、その濁音のザ行は語中（母音間）では多くの場合、摩擦音で発音されています。ただし語頭（ポーズのあと）に来る場合、4.7 で説明する破擦音になっていることも多いです（詳しくは第9章を参照）。

4.6 代表的な子音の調音

第3章で学んだ調音点、ここまで学んだ調音法を組み合わせて、代表的な子音の調音を以下にまとめておきます。その調音の子音を持つアの段の仮名文字と音声記号を添えます。

基本的な子音

調音法	調音点			声帯振動
	両唇	歯茎	軟口蓋	
鼻音	[m]（マ）	[n]（ナ）		有声音
破裂音	[p]（パ）	[t]（タ）	[k]（カ）	無声音
	[b]（バ）	[d]（ダ）	[g]（ガ）	有声音
摩擦音		[s]（サ）		無声音
		[z]（ザ）		有声音

音声記号は第6章以降で学びますが、上記の音はすべてローマ字と同じです。多くの言語に見られる基本的な音なので、この10個の音がまずは子音の基本的なものになります。

4.7　破擦音

　破擦音（affricate）は、ほぼ同じ調音の位置で破裂音の直後に摩擦音が調音される子音です。破裂音の開放が緩慢で直後にそれと同じかごく近い調音の位置を持つ摩擦音が密接に連続します。ですから破裂と摩擦という二つの音の連続ではなく、一つの音に意識されます。

　「スス」と発音すると、「ス」の子音は摩擦音なので舌先はどこにも触れませんが、「スツ」と発音すると、「ツ」が破擦音なので「ツ」の直前で舌先が歯茎に一瞬触れ音が切れるのがわかります。例えば「キャッツ（cats）」の最後の「ツ」の**破擦音を長く延ばそうとすると、破裂は瞬間的に終わってしまうので、摩擦の部分だけが延びて「ツスー」のように「ス」だけが残ります。**

日本語　　　　　　　　英語

【例】 無声　チ、ツ　　　　　church、its

　　　 有声　ザ行（主に語頭）　just

4.8　はじき音（たたき音）

　はじき音（flap）は、舌先を上に巻き上げ、それが戻るときに舌の裏側が歯茎に瞬間的に接触して作られる音です。それに対して舌が歯茎に向かって移動するときに瞬間的に接触して作られる音を「たたき音（tap）」と分ける場合もありますが、簡略に同じ調音法として扱う方が一般的です。いずれにしても舌が当たるのは1回だけの瞬間的な音なので長く延ばして発音できません。有声音のみです。

　「アラ」と言うと「ラ」のとき舌が歯茎のあたりをはたくように移動するのがわかると思います。ただし前に母音がなく「ラ」で始めるときは、そった舌先を接触させた状態から始める場合もあり、このときには「ダ」のような破裂音に聞こえることもあります。詳しくは第5章で扱います。

【例】 有声　ラ行　　water（アメリカ英語の発音）

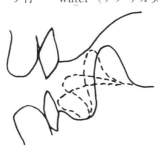

図4.4　はじき音の舌の動き

4.9　ふるえ音

　ふるえ音（trill）は、舌などの調音体が、震えるようにして複数回調音点に瞬間的な接触を繰り返すことで作られます。歯茎のあたりで舌先を震わすいわゆる「巻き舌」やフランス語などに見られる口蓋垂を震わす音が代表です。実際にはそれほど長くは震わせませんが、震えが続く限り延ば

して発音することができます。基本的には有声音が使われます。

【例】有声　（巻き舌の）ラ行　　　perro（西語）

4.10　側面接近音

　側面接近音（lateral approximant）は、調音点での狭めが気流が乱されない程度に空いている「接近音」のうち、気流が口の中心ではなく脇を通る音です。略して「側面音」や「側音」と呼ばれることも多くあります。

　代表的なのは英語の「l」です。舌の先を歯茎の比較的広範囲につけ、舌の両脇から呼気を通します。舌の両脇が開いていることは側面音の構えをして息を吸うと、舌の両脇だけがスースーと涼しくなることでわかります。上顎を下から見上げた図（パラトグラム）では呼気の通り道がよくわかります。息が続く限り長く延ばして発音できます。通常、有声音だけです。

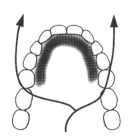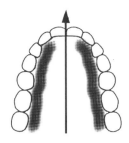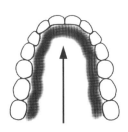

（a）側面音　　　　　　　（b）歯茎摩擦音　　　　　（c）歯茎破裂音の閉鎖
歯茎の部分がふさがれ両　　中央の歯茎の部分が　　完全に閉鎖されて気流は
脇が開いて気流が通る　　　開いて気流が通る　　　通らない

図 4.5　パラトグラム（黒いところが舌が口蓋に当たっている部分）

【例】有声　——　love、lip

　「はじき音」、「ふるえ音」、「側面接近音」をまとめて、「流音（liquid）」と呼ぶことがあります。日本語母語話者にはいずれもラ行の子音に聞こえる音のグループです。

4.11　接近音（半母音）

　接近音（approximant）は、調音点で気流を乱さない程度に口蓋との間を狭くして息を通す音です。妨害がほぼないので有声音のみです。**狭母音のような音になる響きの音で、気流は口の中央を通ります。**

　「ダイア」が「ダイヤ」、「具合（グアイ）」は「グワイ」のように聞こえますが、これは、直前の「イ」や「ウ」の口の構えをした状態から、次へ続く母音の構えに移っていく（渡る）ときに、後続の母音に対して子音の働きをする音が出るため「わたり音」とも呼ばれます。接近音のうち、上述の「ヤ」や「ワ」の子音のような舌の位置がほぼ「狭母音」の接近音については「半母音（semi-vowel）」という名称が使われることが多いです。「半子音」とも呼ばれます。

日本語　　　　　　　英語
【例】有声　ヤ行、ワ　　　want　rice

第4章　確認問題

問題1　以下の説明にある調音法の名前を書きなさい。

　口腔を調音点で閉鎖し、鼻腔に声を伴った息を通す。（　　①　　）

　口腔を調音点で閉鎖し、その後開放し息を出す。（　　②　　）

　口腔の調音点で狭めを作り、狭めに呼気を通す。（　　③　　）

問題2　鼻腔への通路、口腔内の状態として適切な方を選び、調音法を書きなさい。

鼻腔への通路	開　　閉	開　　閉	開　　閉	開　　閉	開　　閉
口腔内	閉鎖　狭め	閉鎖　狭め	閉鎖　狭め	閉鎖　狭め	閉鎖　狭め
調音法					
調音点	歯茎	歯茎	歯茎	両唇	両唇

問題3　[　]：音声記号、（　）：その子音を持つアの段の仮名を書きなさい。

調音法	調音点			声帯振動
	両唇	歯茎	軟口蓋	
摩擦音		[　]（　）		無声音
		[　]（　）		有声音
破裂音	[　]（　）	[　]（　）	[　]（　）	無声音
	[　]（　）	[　]（　）	[　]（　）	有声音
鼻音	[　]（　）	[　]（　）		有声音

問題4　以下の説明にある調音法の名前を書きなさい。

　破裂音の直後に摩擦音が調音され一つの音になる。（　　④　　）

　舌先を巻き上げ、戻るときに瞬間的に調音点に接触して作られる。（　　⑤　　）

　調音体が、震えるように複数回調音点に接触を繰り返す。（　　⑥　　）

　気流が乱されない程度の狭めを作り、気流を側面から通す。（　　⑦　　）

　気流が乱されない程度の狭めを作り、気流を中央に通す。（　　⑧　　）

コラム 3 ｜ 有声と無声の破裂音

　今まで発声には有声と無声の 2 種類があることを学びました。鼻音など子音を持続して発音できる場合は、有声音か無声音かはある程度はっきり区別できます。しかし音が瞬間的な破裂音の場合はどうでしょう。実際に有声音と無声音について観察してみましょう。例として「両唇破裂音＋[a]」という音の連続を取り上げます。閉鎖してから開放して音が出るまでと、声帯振動の始まりのタイミングには無限の段階がありますが、大まかに以下のように分けられます。

　①の付近の音は閉鎖を開放した後、声帯の振動が始まるのに時間がかかり、その間に息が漏れた結果作られる、気息を伴った「無声の有気音 [pʰ]」です。

　②の付近から下の音は閉鎖の持続段階では声帯振動がなく、閉鎖を開放して [a] の調音に移った瞬間から声帯振動が始まっているので、「無声無気音 [p]」です。

　④の付近の音は閉鎖段階の最初から最後まで声帯が振動している「有声（無気）音 [b]」です。

　③の付近は、有声音の声帯振動が一部欠けてしまったと解釈すれば、[b]（[̥] は無声化の記号）、つまり「無声化した有声（無気）音」といえます。しかし、次に来る [a] の声帯振動が早めに始まり、本来ないはずの声帯振動が加わったと解釈すれば、[p]（[̬] は有声化の記号）、つまり有声化した「無声（無気）音」ということもできます。

　③の付近に限らず、実際の言語を観察すると、言語によって①から④までの段階をいくつかに区別して使っています。三つの違った音に聞くタイ語のような言語もありますし、さらに二つに分けて使う場合でもその境目の位置は言語によって異なります。中国語や韓国語は①と②の間に境目を置いて、①（p）vs②③④（b）といった区別をしますが、日本語は③のあたりが境目で①②（p）vs③（b）④のような区別をします。ですから②の音は中国や韓国の人は「b」、日本人は「p」と認識します。このことに関しては第 6 章（音声と音韻）で扱います。

　このように現実の音声のあり方は連続しているアナログであるにもかかわらず、言語の音として使う場合はどこかに区切りを設けてデジタル化する必要があります。その区切りがどこになるかは言語ごとに異なり、その人の母語が何であるかによって異なって意識されることがわかっています。

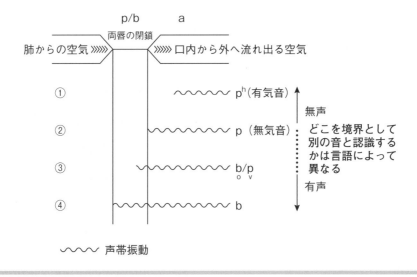

第 **5** 章 子音の分類

　この章では第1章で見た発声の違いと、第3章と第4章で見てきた調音点、調音法をもとに子音を分類していきます。また分類した音の表記法を学びます。音の表記には国際音声記号（International Phonetic Alphabet、略してIPA）を用います。これは国際音声学協会（International Phonetic Association、これもIPAと略される）で定めたもので、何年かに一度、必要に応じて改訂されています（最新は2020年版、52ページ参照）。

　IPA（国際音声記号）は調音器官の働きをもとに、1記号が1音に、一対一対応するように定められ、現在までに発見された言語の音、人間が発音できるすべての音を記述することを目標に作られています。これは世界共通の記号ですから、この記号を使って書けば、音声学を学んだ人なら、誰でも正しく読み解いて発音したり、発音を書き記したりすることができます。音声記号は［　］の中に入れて表記します。

　なおこの章で扱う子音は網羅的ではなく、「肺臓気流機構」の子音のうち日本語の音声を観察するのに必要な子音を基本としています。そしてそれ以外の子音は補足的に紹介するにとどめてあります。

　この章には見慣れない記号や名前がたくさん出てきますが、それをただ丸暗記するのが目的ではありません。名前はそのまま発音の仕方の説明になっていますし、それを単純な記号で置き換えただけです。一つ一つの音を実際に発音しながら、自分の口で確認しながら覚えてください。

　そのため以下の音の説明では、日本語の音を基本とした音のイメージをもとにして、発音してみるときのポイント、さらに微妙な音の違いを聞き分けるヒントを多く記述しました。

　日本語以外に、英語を含めた西洋語で対応する音の例も挙げました。これらの音の実際の発音に関しては「東京外国語大学の言語モジュール（http://www.coelang.tufs.ac.jp/mt/）」に諸外国語の音声があるので聞いてみてください。

　さらに本書では説明しきれなかった音を含めて音声記号の全般に関しては、上記のサイトの「IPA国際音声字母（記号）（http://www.coelang.tufs.ac.jp/ipa/）」で説明と発音を聞くことができます。ぜひ活用してください。

第5章のポイント

　以下母音「ア/a/」を後続させた場合に表記した仮名文字で示される音に聞こえる子音が音声表記してあります。まずはこれらの子音の調音の特徴（声帯振動の有無、調音点、調音法）を把握しましょう。そしてそれらを基に残りの音も把握していきましょう。

日本語の子音

調音法	声帯振動	調音点					
		両唇	歯茎	歯茎硬口蓋	硬口蓋	軟口蓋	声門
摩擦音	無声	フ [ɸ]	サスセソ [s]	シ [ɕ]	ヒ [ç]		ハヘホ [h]
	有声		ザズゼゾ [z]	ジ [ʑ] （（「ン、ッ」の直後以外）語中）			
破擦音	有声		ザズゼゾ [dz]	ジ [dʑ]（語頭、「ン、ッ」の直後）			
	無声		ツ [ts]	チ [tɕ]			
破裂音	無声	パ行 [p]	タテト [t]			カ行 [k]	
	有声	バ行 [b]	ダデド [d]			ガ行 [g]	
鼻音	有声	マ行 [m]	ナヌネノ [n]	ニ [ɲ]（硬口蓋のことも）		カ゚行 [ŋ]（鼻濁音）	
はじき音	有声		ラ行 [ɾ]				
半母音	有声				ヤ行 [j]	ワ [ɰ]	

5.1　鼻音（nasal） sound 03

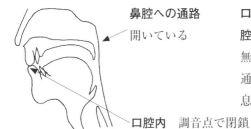

鼻腔への通路
開いている

口腔内　調音点で閉鎖

鼻音（この図は両唇鼻音 [m]）
の口腔断面図（両唇で閉鎖）

口腔内に閉鎖を作り息が口腔からもれないようにして**鼻腔へ息を通す。**

無声では調音点を変えても音が変化しない鼻息なので、通常の言語では有声音のみが使われている。

息が続く限り子音を持続して発音できる。

　鼻音は口腔内に完全な閉鎖を作り、口蓋帆を咽頭の壁から離して鼻腔に声を伴った息を通して作ります。口腔内の閉鎖位置（調音点）より奥の口腔の部分と鼻腔に声が共鳴して音になります。有声音のみで息が続く限り子音だけを持続して発音できます。

　基本的にどの調音点の鼻音でも子音だけを持続して発音すると「ンー」と聞こえます。日本語では「マ行」、「ナ行」および「ガ行鼻音（鼻濁音）」と「撥音（ン）」に現れます。

　撥音「ン」に関する詳細は第10章で取り上げますが、鼻音を子音のみで発音するのに有効なので説明では用いています。ぜひ指示通りにやってみてください。

　以下、代表的な鼻音について調音点ごとに見ていきます。なお鼻音は有声音のみなので調音点と調音法だけで「両唇鼻音」のようにもいわれることもあります。

鼻音	両唇	唇歯	歯茎			硬口蓋		軟口蓋	口蓋垂	声門
			歯	歯茎	後部歯茎	歯茎硬口蓋	硬口蓋			
有声	[m]	[ɱ]	[n]			[ɲ]		[ŋ]	[ɴ]	

有声両唇鼻音 [m]

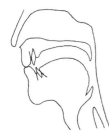

多くの言語で m の文字で表されている子音はほぼこの音です。日本語ではマ行の子音として現れています。唇を閉じたハミングの「ンンン」です。鼻を軽く手で押さえながら「アンマ」を発音するつもりで「アンー」と延ばすと両唇が閉じ、鼻を押さえた手に振動が伝わり声を伴った息が出ているのがわかると思います。そのまま続けて母音「ア/a/」を発音すると「マ」なります。なお唇を閉じて「フーン」と言うときの「フー（ン）」などに「無声両唇鼻音 [m̥]」が現れることがあります（[̥] は無声化を示す）。

有声唇歯鼻音 [ɱ]

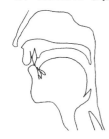

上の歯を下唇に当て閉鎖を作り、ハミングするように鼻から息を抜きます。閉鎖は不完全で少し息が漏れていることも多い音です。音は両唇鼻音 [m] と大きな音色の違いはありません。そのため英語などで、唇歯音 [f] [v] の前で [m] の音の変種として現れるのが基本です。comfort と発音して確かめて見ましょう。日本語でも笑いながら話したときなどには [ɱ] のかわりにこの音が現れていることがあります。

有声歯茎鼻音 [n]

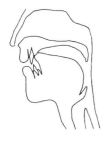

多くの言語で n の文字で表されている子音はほぼこの音です。日本語では「ナ・ヌ・ネ・ノ」の子音です。鼻を軽く手で押さえながら「アンナ」を発音するつもりで「アンー」と延ばすと口からは息が出ないで、鼻を押さえた手に振動が伝わり声を伴った息が出ているのがわかると思います。そのとき舌に力を入れると舌先が上の前歯の裏から歯茎に当たっているのがわかると思います。そのまま続けて母音「ア/a/」を発音すると「ナ」となります。日本語やフランス語などでは舌先と歯、英語などでは舌先と歯茎で調音されていることが多いとされます。

有声硬口蓋鼻音 [ɲ]

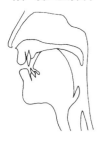

鼻を軽く手で押さえながら「ハンニャ」を発音するつもりで「ハンー」と延ばすと口からは息が出ないで、鼻を押さえた手に振動が伝わり声を伴った息が出ているのがわかると思います。そのとき舌に力を入れると舌の前方が上顎の前の方に当たっているのがわかると思います。そのまま続けて母音「ア/a/」を発音すると「ニャ」となります。ただし日本語の場合は硬口蓋とはいってもその前部である歯茎硬口蓋で調音されていることが多いとされています。硬口蓋音はフランス語やスペイン語、イタリア語などで

多く見られ「ニ、ニャニュニョ」に聞こえる音です。歯茎鼻音［n］との調音点の違いがわかりにくい場合は、歯茎鼻音の「ハンナ」の「ハンー」と「ハンニャ」「ハンー」を「ンー」に力を入れながら交互に発音してみると、舌の当たり方の違いがわかると思います。

有声軟口蓋鼻音［ŋ］

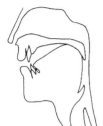

鼻を軽く手で押さえながら「ハンガ」を発音するつもりで「ハンー」と延ばすと口からは息が出ないで、鼻を押さえた手に振動が伝わり声を伴った息が出ているのがわかると思います。そのとき舌に力を入れると舌の後方が上顎の奥の部分の軟口蓋に当たっているのがわかると思います。そのまま続けて母音「ア/a/」を発音すると「ガ」に聞こえますが鼻にかかったいわゆる「鼻濁音」の「ガ」となります。

　日本語では「ン」の発音として使われている以外では語中に現れるガ行鼻音（鼻濁音）の子音なので基本的にはガ行音のように聞こえます。語頭（ポーズの後）には通常来ないので、軟口蓋鼻音で始まる［ŋa］などは発音しにくいかもしれません。その場合は、前に「ン」が入る感じで「ﾝガ」のように発音してみましょう。

有声口蓋垂鼻音［ɴ］

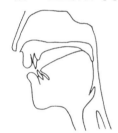

鼻を軽く手で押さえながら「ハン」を発音するつもりで「ハンー」と延ばすと口からは息が出ないで、手に振動が伝わり声を伴った息が出ているのがわかると思います。そのとき口の前の方には閉鎖が無く、舌の後部が上顎の奥の方に当たって力が入るのがわかると思います。そのまま続けて母音「ア/a/」を発音すると鼻にかかった「鼻濁音」の軟口蓋鼻音（［ŋ］）とほぼ同じ印象ですが少しこもった「ガ」となります。これが口蓋垂鼻音です。「ハンガ」の「ン」と「ハン」の「ン」を交互に発音して比べると、「ハン」の「ン」の調音点の方が奥なのがわかると思います。日本語の、次に音がない語末の「ン」として子音単独で現れ語頭（ポーズの後）には通常来ません。また母音が続くことがないので口蓋垂鼻音で始まる［ɴa］などは発音のイメージがわきにくいかもしれません。

　グリーンランド語（エスキモー語）などに現れますが、それほど多くの言語にある音ではありません。

　なお語末の「ン」は「キン」「ケン」など直前の母音が「前舌母音」の「イ/i/、エ/e/」の場合は前述の「軟口蓋鼻音」になっていることが多いようです。

参考

有声そり舌鼻音　反った舌先の裏で後部歯茎から硬口蓋の最前部に閉鎖を作り、鼻腔に有声の息を通して作られます。

　「そり舌（retroflex）」は調音点ではありませんが、IPA の表では後部歯茎音と硬口蓋音の間に置かれています。有声そり舌鼻音［ɳ］はインドの諸言語に見られます。

5.2 破裂音（plosive） sound 04

鼻腔への通路
閉じている

口腔内　調音点で閉鎖

鼻腔への通路を閉じ、口腔内に閉鎖を作る。その後閉鎖を開放し、たまっていた呼気を勢いよく出す。

閉鎖に注目し、閉鎖音とも呼ばれる。有声音と無声音がある。

閉鎖が開放された時の瞬間的な音なので長く延ばせない。

破裂音（この図は軟口蓋破裂音［k/g］）の口腔断面図（軟口蓋で閉鎖）

　破裂音は、まず口腔内に完全な閉鎖を作り、そのまま呼気を口腔内に送り込みます。その後口腔内の圧力が高まったところで閉鎖を開放し、たまっていた呼気を一気に放出します。そのとき出る音が破裂音です。閉鎖を気流が突き破る瞬間的な音です。有声音も無声音もあります。また無声の破裂音で、声帯振動の始まりが破裂より遅れると、気息を伴った帯気音（有気音）になります。それを含めたそれらの区別に関してはコラム3と第6章「音声と音韻」を参照してください。

　促音「ッ」に関する詳細は第10章で取り上げますが、無声破裂音の調音を意識するのに有効なので説明では活用しています。ぜひ指示通りにやってみてください。

　なお破裂音などでは無声音の方が有声音より呼気の勢いが強く、閉鎖や調音器官の緊張が高くなります。その観点からは無声音は硬音（fortis）、有声音は軟音（lenis）と分類されます。日本語ではこの区別は重要ではありませんが、英語などでは有声・無声よりも硬音・軟音の別の方が音の区別に重要な働きをしています。

　以下で紹介する最初の6個の破裂音は、音声記号とローマ字が一致し、多くの言語でもそのまま文字として使われているので把握しやすい音です。

| 破裂音 | 両唇 | 唇歯 | 歯茎 | | | 硬口蓋 | | 軟口蓋 | 口蓋垂 | 声門 |
			歯	歯茎	後部歯茎	歯茎硬口蓋	硬口蓋			
無声	[p]			[t]		([c])		[k]	([q])	[ʔ]
有声	[b]			[d]		([ɟ])		[g]	([ɢ])	

両唇破裂音　両唇を閉じて口腔内に呼気をためてから、閉鎖を開放します。

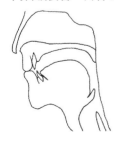

　　　　無声両唇破裂音［p］　パ行の子音。英：pin のp など
　　　　有声両唇破裂音［b］　バ行の子音。英：bag のb など

　「カッパ」と言うつもりで「カッ」で発音をやめると、「カ」が終わった瞬間に唇が閉じ、その閉鎖が続いているのがわかると思います。そのまま続けて母音「ア/a/」を発音すると「パ」になるので「カッパ」の

「ッ」は無声両唇破裂音［p］の閉鎖状態です。「カパ」の「パ」の子音と比べてみれば「ッパ」の部分は通常より閉鎖の長い無声両唇破裂音［p］になっていることになります。同様に両唇を閉鎖したまま「バ」とも言えるので有声両唇破裂音［b］も同じ調音点であることがわかります。

　日本語は閉鎖や破裂が西洋語に比べると弱いので、以下の破裂音全般で注意が必要です。例えば［pa］なら、日本語の「パ」ではなく、しっかり口を閉じ、それを息で無理やり破るようなイメージで、子音の［p］の「プゥ」の音がはっきりと聞こえる「プゥア」のようなイメージを持って発音してみましょう。

歯茎破裂音　歯の裏から歯茎に接触させ、閉鎖を作り、開放します。

　　　　無声歯茎破裂音［t］「タ・テ・ト」の子音。英：tip の t など
　　　　有声歯茎破裂音［d］「ダ・デ・ド」の子音。英：desk の d など

　　　　「タッタ」と言うつもりで「タッ」で発音をやめると、「タ」が終わった瞬間に舌先が上の前歯の裏から歯茎に当たり、その閉鎖が続いているのがわかると思います。そのまま続けて母音「ア/a/」を発音すると「タ」になるので「タッタ」の「ッ」は無声歯茎破裂音［t］の閉鎖状態です。「タタ」の「タ」の子音と比べてみれば「ッタ」の部分は通常より閉鎖の長い無声歯茎破裂音［t］になっていることになります。同様に「ダ」とも言えるので有声歯茎破裂音［d］も同じ調音点であることがわかります。

　日本語やスペイン語などでは舌先と歯、英語などでは舌先と歯茎で調音されていることが多いとされています。

軟口蓋破裂音　後舌を軟口蓋に接触させ、閉鎖を作り、開放します。

　　　　無声軟口蓋破裂音［k］　カ行の子音。kind の k など
　　　　有声軟口蓋破裂音［g］　ガ行の子音。game の g など

　　　　「カッカ」と言うつもりで「カッ」で発音をやめると、「カ」が終わった瞬間に舌の後部が上顎の後部に当たって閉鎖を続けているのがわかると思います。そのまま続けて母音「ア/a/」を発音すると「カ」になるので「カッカ」の「ッ」は無声軟口蓋破裂［k］の閉鎖状態です。「カカ」の「カ」の子音と比べてみれば「ッカ」の部分は通常より閉鎖の長い無声歯茎破裂音［k］になっていることになります。同様に「ガ」とも言えるので有声軟口蓋破裂音［g］も同じ調音点であることがわかります。

　なお後舌面の調音範囲が広いため、後続母音の舌の位置に応じて調音の位置の変化が大きく、同じカ行でも「ク」や特に「コ」では軟口蓋の奥側に舌が接触します。「カ、ケ」は中程で、前舌母音［i］が後続する「キ」や、それと同じ位置で調音される拗音「キャ、キュ、キョ」では軟口蓋の前部で硬口蓋に近い位置になります。人によっては硬口蓋の後部になり、参考に挙げる硬口蓋破裂音に近い発音も見られます。

声門破裂音　例外的に通常の調音器官による閉鎖を口腔内には作らない音です。声門が完全に閉鎖している状態と、それが強い呼気によって開放されたときに認められる音で、それ自体は無声音のみです。

無声声門破裂音 [ʔ]　「アッ」の「ッ」など

　日本語では積極的に使われるのではなく、「アッ！ [aʔ]」と驚いたときなどの「ア」の後ろの「ッ」のように突然前の母音が中断されたときには、声帯を閉鎖して音（声）を止める部分が「ッ」として意識されます。また驚いて喉を詰めてとっさに発した「ッエー [ʔe:]」のように母音が急に開始され声を出すために閉じている声帯を急に開けるときにも意識されると思います。鹿児島や沖縄の方言にも見られます。「オー」ではなくて「オオ」と言った場合などでも「オッオ [oʔo]」のように聞こえるのも、母音を切るため声門破裂音が現れているからです。

　ドイツ語で母音では、母音で始まる場合はその前に声門破裂音を伴い「ende [ʔɛndə]：終わり」のように発音されます。デンマーク語では「hund [hunʔ]：犬」と「hun [hun]：彼女」のように、この有無が意味を変える力を持っています。

参考

硬口蓋破裂音　前舌が硬口蓋に広く接触して閉鎖を作り、開放します。

　無声硬口蓋破裂音 [c] と有声硬口蓋破裂音 [ɟ] があります。調音範囲が広いため、接触が軟口蓋に近い場合は音のイメージは無声「キャ」、有声「ギャ」に近くなります。接触範囲が広く破裂の後に摩擦が続いて破擦化しやすく、接触が前寄りで歯茎硬口蓋に近い場合は無声「チャ」、有声「ジャ」のような響きを持ちます。

口蓋垂破裂音　後舌面後部と口蓋垂で閉鎖を作り、開放します。

　無声口蓋垂破裂音 [q] と有声口蓋垂破裂音 [ɢ] があります。アラビア語やペルシャ語に見られます。軟口蓋破裂音 [k] [g] と似た響きを持ちます。

そり舌破裂音　反った舌先の裏で、後部歯茎から硬口蓋の最前部で閉鎖を作って作られます。

　無声そり舌破裂音 [ʈ] と有声そり舌破裂音 [ɖ] があり、インドの諸言語に多く見られます。日本語の語頭のラ行の子音が有声そり舌破裂音 [ɖ] のことが多いとされることは第9章参照。

5.1、5.2　確認問題

問題　説明の調音法を持ち、番号で示された調音点を持つ子音の音声記号と、声帯振動の有無、調音点、調音法を書きなさい。仮名文字は母音「a」を伴ったときの音のイメージです。

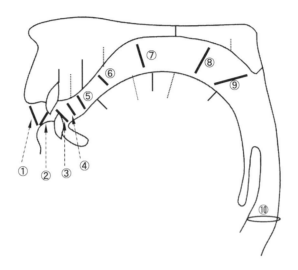

1　口腔内に完全な閉鎖を作り、口蓋帆を咽頭壁から離して鼻腔に声を伴った息を通して作る音。

	音声	記号	声帯振動の有無	調音点	調音法
1. ①	マ	[　　]	(　　　)	(　　　　)	(　　　　)
2. ②	(マ)	[ɱ]	(　　　)	(唇歯)	(　　　　)
3. ④	ナ	[　　]	(　　　)	(　　　　)	(　　　　)
4. ⑦	(ニャ)	[　　]	(　　　)	(　　　　)	(　　　　)
5. ⑧	(ﾟガ)	[　　]	(　　　)	(　　　　)	(　　　　)
6. ⑨	(ﾟガ)	[　　]	(　　　)	(口蓋垂)	(　　　　)

2　口腔内に完全な閉鎖を作り、閉鎖させたまま呼気を口腔内に送り込む。その後、口腔内の圧力が高まったところで閉鎖を開放し、たまっていた呼気を一気に放出するとき出る瞬間的な音。

	音声	記号	声帯振動の有無	調音点	調音法
1. ①	パ	[　]	(　　　)	(　　　)	(　　　　)
2. ①	バ	[　]	(　　　)	(　　　)	(　　　　)
3. ④	タ	[　]	(　　　)	(　　　)	(　　　　)
4. ④	ダ	[　]	(　　　)	(　　　)	(　　　　)
5. ⑧	カ	[　]	(　　　)	(　　　)	(　　　　)
6. ⑧	ガ	[　]	(　　　)	(　　　)	(　　　　)
7. ⑩	(ﾟア)	[　]	(　　　)	(声門)	(　　　　)

5.3 摩擦音 (fricative) sound 05

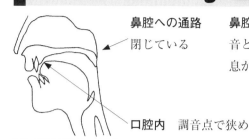

鼻腔への通路 閉じている

口腔内 調音点で狭め

鼻腔への通路を閉じ、口腔に狭めを作り呼気を通す。有声音と無声音がある。
息が続く限り長く延ばせる。

> 摩擦音（この図は歯茎摩擦音 [s/z] の）
> 口腔断面図（歯茎で狭め）

　摩擦音は声道が狭められて呼気がそこを通るときに、調音器官と壁との摩擦で気流が乱されて音を生じます。調音位置の違いを細かく区別して用いている言語が多く、鼻音や破裂音ではまとめて「歯茎」とされていた「歯、歯茎、後部歯茎」に対して、それぞれ別の音声記号が与えられています。さらに硬口蓋の歯茎寄りの部分である「歯茎硬口蓋」の音も独立して扱われています。

	両唇	唇歯	歯	歯茎	硬口蓋歯茎	歯茎硬口蓋	硬口蓋	軟口蓋	口蓋垂	声門
無声	[ɸ]	[f]	[θ]	[s]	[ʃ]	[ɕ]	[ç]	[x]	([χ])	[h]
有声	[β]	[v]	[ð]	[z]	[ʒ]	[ʑ]	[j]	[ɣ]	([ʁ])	[ɦ]

両唇摩擦音　下唇が上唇に近づいて狭めを作る。

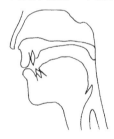

無声両唇摩擦音 [ɸ]　日本語の「フ」の子音。日本語では原語音が [f] の外来語の「ファ、フィ、フェ、フォ、フュ」なども通常はこの音で発音されています。蝋燭を吹き消したり、熱いものを冷ましたりするときに「フー」と息を吐く音が近く、唇歯摩擦音の [f] のような鋭さがありません。

有声両唇摩擦音 [β]　スペイン語では語中の chaballo の b、carvajo の v の発音。日本語では積極的に現れる音ではありませんが、日常のカジュアルな発音では「ウブゲ」の「ブ」などの語中（母音間）のバ行は破裂音ではなくこの音になっていることが多いとされます。

唇歯摩擦音　下唇の内側が上の前歯に当たるようにして狭めを作る。

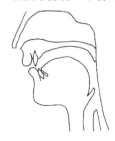

無声唇歯摩擦音 [f]　英語の fan の f など、西洋語の f の子音など。
有声唇歯摩擦音 [v]　英語の vote、フランス語の voir の v、ドイツ語の wagen の w の子音など。

　日本語にはない音なので、日本語では外来語では通常における原語の [f] は、上述の無声両唇摩擦音 [ɸ] で、[v] は [b]（母音間で [β]）で発音されています。

歯摩擦音　舌先（舌尖）が上の前歯に裏側に当たるようにして狭目を作ると「歯裏音」になり、調音位置が前寄りで舌先（舌尖）が上下の歯から少し出る場合は「歯間音」になります。

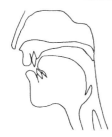

無声歯摩擦音　[θ]　英語の thank の th の音、スペイン語の cinco の語頭の音など。

有声歯摩擦音　[ð]　英語の they の th の音、スペイン語の boda の d の音など。

次に説明する「歯茎摩擦音（[s][z]）、スー音」に比べると摩擦の音が柔らかく、鋭さがありません。日本人には歯茎摩擦音 [s][z] に近く感じられますが、鋭さがないため、唇歯摩擦音 [f][v] にも聴覚印象が近い音です。ロンドンの労働者階級の英語「コックニー（cockney）」では標準発音の [θ] は [f]、[ð] は [v] で発音されています。

歯茎摩擦音　舌先（舌尖・舌端）を歯茎に接近させて狭目を作ります。聴覚印象から「スー音（hissing sound）」と呼ばれます。

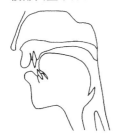

無声歯茎摩擦音　[s]　英語の sad などの s の音、日本語「サ・ス・セ・ソ」の子音。ただし日本語では調音位置が歯茎と歯の境目に近く [θ] に近づいた発音になっていることも多いとされます。

有声歯茎摩擦音　[z]　英語の zoo などの z の音、日本語では語中（母音間）の「ザ、ズ、ゼ、ゾ」の子音。なお語頭は聴覚印象はほぼ同じで区別しにくいのですが、後述の有声歯茎破擦音 [dz] になっていることが多いので注意しましょう。

後部歯茎摩擦音　舌先を歯茎の後部に接近させて狭目を作ります。英語などでは歯茎摩擦音（[s][z]）のように舌先だけを近づけ、後舌面は口蓋から離れていることもありますが、ドイツ語やフランス語では後舌面も持ち上がっていることが多いです。ドイツ語に顕著ですが、発音するとき、通常、唇が円唇のことが多く、こもった暗い音になります。その聴覚印象から「シュー音（hussing sound）」と呼ばれています。無声の子音単独では fresh が「フレッシュ」となるように「シ」よりも「シュ」のイメージを持っています。以前の「硬口蓋歯茎摩擦音」という名称も平行して使われています。

無声後部歯茎摩擦音　[ʃ]　英語の short、仏語 chat、ドイツ語 schön の語頭の子音など。

有声後部歯茎摩擦音　[ʒ]　英語の pleasure の s、フランス語の jour の j の子音など。

歯茎硬口蓋摩擦音 舌先から前舌前部を硬口蓋前部（歯茎硬口蓋）に持ち上げて狭目を作ります。

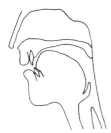

後部歯茎音と異なって唇が丸まることはないので「シュー、ジュー」のようにこもらず、「シー」「ジー」のような明るい響きを持ちます。

無声歯茎硬口蓋摩擦音 [ɕ]　「シ」の子音。中国語「新聞（xinwen）」の語頭の子音など。

　fish の sh の後部歯茎音 [ʃ] が「シュ」のように「ウの段」の音のイメージがあるのに対し、「シーッ！（＝静かに）」の「シー」の音で「イの段」の音のイメージを持ちます。

有声歯茎硬口蓋摩擦音 [ʑ]　日本語の語中（母音間）の「ジ」の子音など。

硬口蓋摩擦音 前舌面が歯茎の後部から硬口蓋の最高部に渡って接近して狭目を作ります。

無声硬口蓋摩擦音 [ç]　日本語「ヒ」の子音。ドイツ語の ich の子音など。

有声硬口蓋摩擦音 [ʝ]　音のイメージはほぼ「ヤ」の子音に近い。英語の yeast の語頭の子音の「有声硬口蓋接近音 [j]」が強く発音されたため、狭窄が著しく狭くなったときなどに現れます。

参考

　ドイツ語も日本語も後部歯茎から硬口蓋を二つに分けて別の音と区別しています。ただしその境界はかなりのずれがあります。特にドイツ語では方言差や個人差が大きく ich（私）が「イッヒ」ではなく「イッシ」、macen が「マヒェン」ではなく「マシェン」と日本人には聞こえる発音をするドイツ人もかなりいます。

	後部歯茎	歯茎硬口蓋	硬口蓋	
ドイツ語	[ʃ]		[ç]	
日本語		[ɕ]（シ）		[ç]（ヒ）

　詳細は　竹林滋『英語音声学』1996 研究社　(p. 67　注 15) 参照

軟口蓋摩擦音　後舌面が軟口蓋に接近して狭目を作ります。

無声軟口蓋摩擦音［x］　ドイツ語の Bach の ch、スペイン語の Japon の J、ロシア語хорошоの x などの音。日本語では強調した発音の「ハーイ！」、「ヘー？」、「ホー？」など「ハ、ヘ、ホ」の発音に現れることもあります。

有声軟口蓋摩擦音［ɣ］　スペイン語 agua の g。日本語では積極的に現れる音ではありませんが、日常のカジュアルな発音では「ハグキ」の「グ」などの語中（母音間）のガ行は、鼻濁音（ガ行鼻音）でない場合は、破裂音ではなく閉鎖が緩んでこの音になっていることが多いです。

声門摩擦音

　調音点が声門といわれていますが、声門は無声音よりはやや閉じた状態で、そこを気流が通過します。なお、その時、気流によって声帯は震えていることが観察されています。ただしこれは有声音のような声帯の開閉を伴ったものではないので、喉に手を触れても手に振動は伝わらないので有声音ではありません。実際には声門では妨害を受けていません。その意味では音声学的には母音類の音ですが、通常は子音の扱いを受けている音です。摩擦は声道全体で起こる腔摩擦（cavity fricative）で、多くの言語では母音の無声の出だしです。したがって、一定の口の形を持たずに、次に来る母音と同じ口の構えをした無声の息ということになります。

　これを子音と呼ぶのは、母音のように音節（第8章参照）の主音になれず、母音の前に現れて子音と同じ役割をするからです。子音とすると調音点が必要ですが、声道中のどこにも特定の調音点がないので、声道の一番奥の声門が挟まっているため、ここを調音点としています。

無声声門摩擦音［h］　「ハ・ヘ・ホ」の子音

有声声門摩擦音［ɦ］　無声声門摩擦音に対応する有声の音ですが、実際には無声音と同様に次に来る母音と同じ口の構えをして、ささやき音を出しています。日本語では積極的に現れる音ではありませんが、日常のカジュアルな発音では「ゴハン」の「ハ」などの語中（母音間）の「ハヘホ」の音が、有声の母音に挟まれているため、有声化してこの音で発音されていることが多いです。

参考

そり舌摩擦音　反った舌先の裏が後部歯茎から硬口蓋の最前部で狭めを作って作られます。

　無声そり舌摩擦音［ʂ］と有声そり舌摩擦音［ʐ］があり、中国語の獅子（shizi）、仍然（réngrán）などの語頭に見られます。

口蓋垂摩擦音　後舌の前部と口蓋垂で狭めを作って作られます。

　無声口蓋垂摩擦音［χ］と有声口蓋垂摩擦音［ʁ］があり、聴覚印象は軟口蓋摩擦音に近いです。アラビア語などに見られます。フランス語の r は［ʁ］で、無声音に隣接する r は通常［χ］での発音が普通とされています。

咽頭摩擦音　舌根を咽頭壁に近づけて作られます。アラビア語などに見られます。：無声咽頭摩擦音［ħ］、有声咽頭摩擦音［ʕ］。

5.3 確認問題

問題 説明の調音法を持ち、番号で示された調音点を持つ子音の音声記号と、声帯振動の有無、調音点、調音法を書きなさい。仮名文字は母音「a」を伴ったときの音のイメージです。

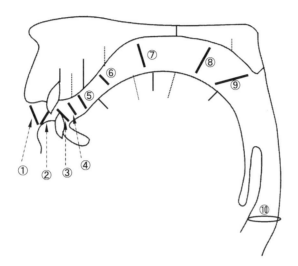

1 声道が狭められて呼気がそこを通るときに、調音器官と壁との摩擦で生ずる音。

		音声記号	声帯振動の有無	調音点	調音法
1.	① フ	[　]	(　　　)	(　　　　)	(　　　)
2.	①（ヴ）	[　]	(　　　)	(　　　　)	(　　　)
3.	② フ	[f]	(　　　)	(　　　　)	(　　　)
4.	② ヴ	[v]	(　　　)	(　　　　)	(　　　)
5.	③（ス）	[θ]	(　　　)	(　　　　)	(　　　)
6.	③（ズ）	[ð]	(　　　)	(　　　　)	(　　　)
7.	④ ス	[　]	(　　　)	(　　　　)	(　　　)
8.	④ ズ	[　]	(　　　)	(　　　　)	(　　　)
9.	⑤（シャ）	[ʃ]	(　　　)	(後部歯茎)	(　　　)
10.	⑤（ジャ）	[ʒ]	(　　　)	(後部歯茎)	(　　　)
11.	⑥ シャ	[　]	(　　　)	(　　　　)	(　　　)
12.	⑥ ジャ	[　]	(　　　)	(　　　　)	(　　　)
13.	⑦ ヒャ	[　]	(　　　)	(　　　　)	(　　　)
14.	⑦（ヤ）	[j]	(有声)	(　　　　)	(　　　)
15.	⑧（ハ）	[x]	(　　　)	(　　　　)	(　　　)
16.	⑧（ガ）	[ɣ]	(　　　)	(　　　　)	(　　　)
17.	⑩ ハ	[　]	(　　　)	(　　　　)	(　　　)
18.	⑨（ア）	[ɦ]	(有声)	(　　　　)	(　　　)

■ 5.4　破擦音（affricate） 　sound 06

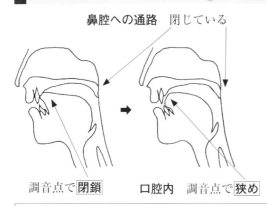

破擦音（この図は歯茎破擦音［ts/dz］）の閉鎖
と狭めの口腔断面図（歯茎で閉鎖から狭め）

破裂音の直後に摩擦音が連続して一つの音のよう
に調音される子音。

破裂音の調音と同様、口腔内のどこかで閉鎖が作
られ、口腔内に呼気がためられる。その後、閉鎖
の開放の際、**閉鎖のあった調音点に狭めができて**
摩擦が起きる。

破擦音	両唇	唇歯	歯	歯茎	硬口蓋 歯茎	歯茎 硬口蓋	硬口蓋	軟口蓋	口蓋垂	声門
無声				［ts］	［ tʃ ］	［ tɕ ］				
有声				［dz］	［ dʒ ］	［ dʑ ］				

　破擦音（affricate）においては、破裂音の閉鎖の開放が緩慢で直後にそれと同じか、ごく近い調
音の位置を持つ（同器官的（homoorganic）な）摩擦音が密接に連続し、破裂音と摩擦音という二
つの音の連続ではなく一つの音に意識されます。

　「スス」と発音すると、「ス」の子音は摩擦音なので舌先はどこにも触れませんが、「スツ」と発
音すると、「ツ」が破擦音なので「ツ」の直前で舌先が歯茎に一瞬触れ音が切れるのがわかります。
例えば「キャッツ（cats）」の最後の「ツ」の破擦音を長く延ばそうとすると、破裂は瞬間的に終
わってしまうので、摩擦の部分だけが延びて「ツスー」のように「ス」だけが残ります。

　さまざまな調音点で起こる可能性はありますが、歯茎破裂音（［t］［d］）を出発点とする音が多
く、以下それらを挙げます。なお音声学的には「破裂音＋摩擦音」という2音の連続とみなされる
ので、音声記号は破裂音と摩擦音の記号を並べて表記して、破擦音であることを示すのに記号の上
に［‿］をつけるか合字「ʦ」で表します。

歯茎破擦音　歯茎破裂音と同じように前歯の裏の歯茎辺りに舌先を接触させ閉鎖を作り、閉鎖を開
　放する際、同じ場所で摩擦を起こします。

無声歯茎破擦音［ts］　「ツ」の子音。ドイツ語の Zeit の z、ロシア語のцарь の ц など、英語では
cats のような語尾の子音連接でのみ現れます。

　ドイツ語では als の発音などで［als］ではなく歯茎に舌が接触している［l］から［s］に移ると
きに、破擦音になり［alts］のように聞こえることも多いようです。

有声歯茎破擦音［dz］　日本語では「ザズ（ヅ）ゼゾ」の子音として有声歯茎摩擦音の［z］と平行して主に語頭（ポーズの後）で使われています。また撥音「ン」や促音「ッ」の後ろの「ザズ（ヅ）ゼゾ」も［z］ではなく、この音で発音されていることが多いです。英語では基本的に語頭には現れずcardsの語末などに現れます（比較：cars［z］）。そのほかイタリア語のmezzoのzzなどに現れます。

後部歯茎破擦音　歯茎から後部歯茎辺りに広く舌を接触させてから舌を離し、同じ場所で摩擦を起こします。

無声後部歯茎破擦音［tʃ］　英語のcheckのchの子音。日本語の「チ・チャ・チュ・チョ」の子音の調音点よりも少し前に舌が接触し、またそこで摩擦が起きます。

有声後部歯茎破擦音［dʒ］　英語のJack、イタリア語のgironoの最初の子音。無声硬口蓋歯茎破擦音と同じ調音の仕方ですが、声を伴います。

歯茎硬口蓋破擦音　歯茎後部から硬口蓋前部辺りに広く舌を接触させてから舌を離し、同じ場所で摩擦を起こします。

無声歯茎硬口蓋破擦音［tɕ］　「チ・チャ・チュ・チョ」の子音。硬口蓋の前の方に舌を接触させ、そこで摩擦を起こします。

有声歯茎硬口蓋破擦音［dʑ］　共通語では「ジ・ジャ・ジュ・ジョ・ヂ・ヂャ・ヂュ・ヂョ」が語頭に来たとき、または撥音や促音の後に来るときに出る音とされています。無声歯茎硬口蓋破擦音と同じ要領ですが、声帯を振動させます。

　なお後部歯茎破擦音も歯茎硬口蓋破擦音も音声記号では閉鎖部分に［t］［d］が書かれていますが、接触は次の摩擦音［ɕ］［ʑ］と同じように中舌が盛り上がり閉鎖は後部歯茎〜歯茎硬口蓋になります。

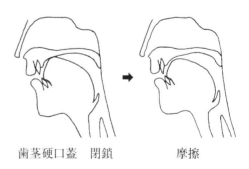

歯茎硬口蓋　閉鎖　　　　　摩擦

参考
　ドイツ語ではPfeifeの語頭に無声唇破擦音［pf］が現れます。また英語のtry、dryなどの語頭も破擦音になっているといわれます（詳細は竹林滋『英語音声学』1996 研究社（p.309））。

5.5　流音（liquid）　sound 07

「はじき音」、「ふるえ音」、「側面音」をまとめて、「流音（liquid）」と呼びます。日本語母語話者にはいずれもラ行の子音に聞こえる音のグループです。

■ 5.5.1　はじき音（flap）

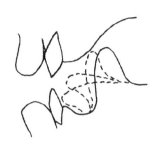

　はじき音は、舌先を上に巻き上げ、それが戻るときに舌の裏側が歯茎に瞬間的に接触して作られる音です。それに対して舌が歯茎に向かって移動するときに瞬間的に接触して作られる音を「たたき音（tap）」といいます。簡略には音声表記上も区別はしません。ここでは「はじき音」として扱います。いずれにしても舌が当たるのは1回だけの瞬間的な音なので長く延ばして発音できません。有声音のみです。

　「アラ」と言うと「ラ」のとき、舌が歯茎の辺りをはたくように移動するのがわかると思います。ただし前に母音がなく「ラ」で始まるときは反った舌先を接触させた状態から始めることが多く、この場合は「有声歯茎そり舌破裂音［d］になって、「ダ」に近い音のイメージがあります。

　アメリカの英語では、body、water などの母音に挟まれたとき、本来の歯茎破裂音［d］［t］ではなく、この有声歯茎はじき音（［ɾ］）が現れることが多いとされます。特に t の代わりになることが多く、「有声の T」と呼ばれ、辞書などでは有声化の記号を伴って［t̬］などで示されています。

有声歯茎はじき音［ɾ］　日本語：ラ行（主に語中）　スペイン語：pero　の r

参考

有声そり舌はじき音　反った舌先の裏が後部歯茎から硬口蓋の最前部を弾いて作られます。
有声そり舌はじき音［ɽ］はヒンディー語などに現れます。

■ 5.5.2　ふるえ音（trill）

　ふるえ音は舌などの調音体が、震えるようにして複数回、調音点に瞬間的な接触を繰り返すことで作られます。実際にはそれほど長くは震わせませんが、震えが続く限り延ばして発音することができます。基本的には有声音が使われます。

有声歯茎ふるえ音［r］　舌先が歯茎との間で数回震える音です。日本語では、いわゆる江戸弁の時代劇や落語でおなじみの「べらんめえ口調」のラ行の音です。スペイン語：perro（犬）

参考

有声口蓋垂ふるえ音

　いわゆる「喉ちんこ」を震わす音です。シャンソンなどフランス語の歌におけるフランス語、シューベルトのリートなどのドイツの歌において r の音として聞こえるのが目立つと思います。聴覚

印象は「歯茎ふるえ音」に似ています。

　なおフランス語の通常の発音では r は「有声口蓋垂摩擦音［ʁ］」、無声音に隣接するときは「無声口蓋垂摩擦音［χ］」で発音されています。

有声口蓋垂ふるえ音［R］　ドイツ語の Reise、フランス語の rien

　国際音声記号の「ふるえ音」では、そのほかに「有声両唇ふるえ音［ʙ］」があります。

■ 5.5.3　側面接近音（lateral approximant）

　側面接近音は、調音点での狭めが気流が乱されない程度に空いている「接近音」のうち、気流が口の中心ではなく脇を通る音です。略して「側面音」や「側音」と呼ばれることもあります。

　代表的なのは英語の「l」です。歯茎に舌の先を比較的広範囲につけ、舌の両脇から呼気を通します。舌の両脇が開いていることは側面音の構えをして息を吸うと、舌の両脇だけがスースーと涼しくなることでわかります。上顎を下から見上げた図（パラトグラム、30 ページ）では呼気の通り道がよくわかります。息が続く限り長く延ばして発音できます。通常、有声音だけです。

有声歯茎側面接近音［l］　英語の love、ドイツ語の lip

参考
　有声そり舌側面接近音［ɭ］　反った舌先の裏が後部歯茎から硬口蓋の最前部に接触して作られる側面音。
　韓国語のパッチムの「ㄹ（リウル）」に現れます。

■ 5.6　接近音（approximant）、半母音（semivowel）　 **sound 08**

　調音点で気流を乱されない程度に口蓋と舌の間を狭くして気流を通します。側面接近音と異なり気流は口の中央を通ります。妨害がほぼなく有声音のみで、気流の乱れがないので「無摩擦継続音（frictionless continuant）」とも呼ばれていました。

　また「ダイア」は「ダイヤ」、「具合（グアイ）」は「グワイ」のように聞こえますが、これは、直前の「イ」や「ウ」の口の構えをした状態から、次へ続く母音の構えに移っていく（わたる）ときに、前の母音が次のそれと異なった母音に移る際に子音のように働いているからです。これらの「わたり音（glide）」も、舌の位置はほぼ狭母音と同じなのですが、持続しないで子音と同じ役割を果たしています。そのため母音と調音様式が類似し、対応している接近音の一部は「半母音（semiconsonant）」とも呼ばれています。以下はこの半母音に相当する接近音を挙げます。

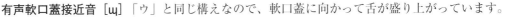

有声硬口蓋接近音　[j]

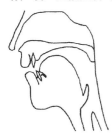

「ヤ・ユ・ヨ」の子音。「イ」と同じ構えなので、硬口蓋に向かって舌が盛り上がっています。拗音「キャ・キュ・キョ」などでも、子音から母音に移る際にわたりも音としてこの音が出ています（詳細は9.11を参照）。

★母音との対応：母音は有声音、前舌母音の舌の頂点の位置は硬口蓋

狭母音　[i]　非円唇　前舌　　狭母音

半母音　[j]　有声　硬口蓋　半母音（接近音）

有声軟口蓋接近音　[ɰ]

「ウ」と同じ構えなので、軟口蓋に向かって舌が盛り上がっています。「ウ」は非円唇母音なので唇は丸まっていません。そのため [ɰa] は「ワ」ではなく有声唇歯摩擦音のヴァ [va] のように聞こえることもあります。ちなみにロシア語の [v] 音は日本語ではイワン [ivan]、モスクワ [maskva] のように「ワ」になっています。逆にロシア語で日本語を表記するとき、ロシア語にはwの音がないので、日本語の「ワ」はロシア語では [va]（ロシア文字：вa）が用いられます。。

★母音との対応：母音は有声音、後舌母音の舌の頂点の位置は軟口蓋

狭母音　[ɰ]　非円唇　後舌　　狭母音

半母音　[ɰ]　有声　軟口蓋　半母音（接近音）

有声両唇軟口蓋接近音　[w]

英語の wonderful の最初の子音。[u] と同じ構えから入るため、両唇が丸く突き出しが加わった「二重調音」になり、調音点は両唇と軟口蓋の二つになります。[wa] は「ゥア」のようなイメージです。

★母音との対応：母音は有声音、後舌母音の舌の頂点の位置は軟口蓋

唇を丸めて発音するので、「両唇」も調音点に加わる

狭母音　[u]　円唇　　　　後舌　狭母音

半母音　[w]　有声　両唇軟口蓋　半母音（接近音）

　以上の三つに円唇前舌狭母音 [y] に対応する有声両唇硬口蓋接近音（[ɥ]）を加えた四つが、接近音の中で半母音とされます。

　その他、接近音には舌先を歯茎に摩擦が起きない程度近づけて作る英音のrの音に現れる有声歯茎接近音（[ɹ]）、上の歯に下唇を摩擦が起きない程度接近させて作る日本語の「ワ」の音に聴覚印象が似ている有声唇歯接近音（[ʋ]）、有声そり舌接近音 [ɻ] などがあります。

5.4、5.5、5.6 確認問題

問題 1〜5で説明されている調音法を持つ音に関して、音声記号、声帯振動の有無、調音点、調音法を書きなさい。仮名文字は母音「a」を伴ったときの音のイメージです。

1 ほぼ同じ調音の位置で破裂音の直後に摩擦音が調音され二つの音の連続ではなく一つの音と意識される。

		音声記号	声帯振動の有無	調音点	調音法
1.	ツァ	[ ]	( )	( )	( )
2.	ヅァ	[ ]	( )	( )	( )
3.	（チャ）	[ ]	( )	(後部歯茎)	( )
4.	（ヂャ）	[ ]	( )	(後部歯茎)	( )
5.	チャ	[ ]	( )	( )	( )
6.	ヂャ	[ ]	( )	( )	( )

2 舌先を上に巻き上げ、それが戻るときに舌の裏側が歯茎に瞬間的に接触して作られる音。

	音声記号	声帯振動の有無	調音点	調音法
ラ	[ ]	( )	(歯茎)	( )

3 舌などの調音体が、震えるようにして複数回調音点に瞬間的な接触を繰り返す音。

	音声記号	声帯振動の有無	調音点	調音法
ラ	[ ]	( )	(歯茎)	( )

4 調音点での狭めが気流が乱されない程度に空いているが、気流が口の脇を通る音。

	音声記号	声帯振動の有無	調音点	調音法
ラ	[ ]	( )	(歯茎)	( )

5 調音点で気流を乱されない程度に口蓋との間を狭くして気流を通します。妨害がほぼないので有声音のみです。母音と調音様式が類似し対応している音の一部は「半母音」とも呼ばれています。

		音声記号	声帯振動の有無	調音点	調音法
1.	ヤ	[ ]	( )	( )	( )
2.	ワ	[ ]	( )	( )	( )
3.	（ᵘワ）	[w]	( )	( )	( )

【資料】

国際音声記号 (改訂 2020)

子音 (肺気流)

Ⓒ①Ⓢ© 2020 IPA

	両唇音	唇歯音	歯音	歯茎音	後部歯茎音	そり舌音	硬口蓋音	軟口蓋音	口蓋垂音	咽頭音	声門音
破裂音	p b			t d		ʈ ɖ	c ɟ	k g	q ɢ		ʔ
鼻音	m	ɱ		n		ɳ	ɲ	ŋ	N		
ふるえ音	ʙ			r					ʀ		
たたき音 又は弾き音		ⱱ		ɾ		ɽ					
摩擦音	ɸ β	f v	θ ð	s z	ʃ ʒ	ʂ ʐ	ç ʝ	x ɣ	χ ʁ	ħ ʕ	h ɦ
側面摩擦音				ɬ ɮ							
接近音		ʋ		ɹ		ɻ	j	ɰ			
側面接近音				l		ɭ	ʎ	ʟ			

枠内で記号が対になっている場合、右側の記号が有声音を、左側の記号が無声音を表す。網掛け部分は、不可能と判断された調音を表す。

子音 (非肺気流)

吸着音	有声入破音	放出音
ʘ 両唇音	ɓ 両唇音	' 例：
ǀ 歯音	ɗ 歯音/歯茎音	p' 両唇音
ǃ (後部)歯茎音	ʄ 硬口蓋音	t' 歯音/歯茎音
ǂ 硬口蓋歯茎音	ɠ 軟口蓋音	k' 軟口蓋音
ǁ 歯茎側面音	ʛ 口蓋垂音	s' 歯茎摩擦音

その他の記号

ʍ 無声両唇軟口蓋摩擦音 ɕ ʑ 歯茎硬口蓋摩擦音

w 有声両唇軟口蓋接近音 ɺ 有声歯茎側面弾き音

ɥ 有声両唇硬口蓋接近音 ɧ ʃ と X の同時調音

ʜ 無声喉頭蓋摩擦音

ʢ 有声喉頭蓋摩擦音

ʡ 喉頭蓋破裂音

破擦音と二重調音は、必要な場合連結記号でつないだ2つの記号で表すことができる。 t͡s k͡p

母音

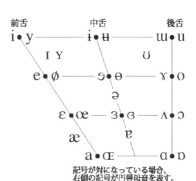

記号が対になっている場合、右側の記号が円唇母音を表す。

超分節的要素

ˈ	主強勢		ˌfoʊnəˈtɪʃən
ˌ	副次強勢		
ː	長		eː
ˑ	半長		eˑ
̆	超短		ĕ
ǀ	小さい (脚) 境界		
ǁ	大きい (イントネーション) 境界		
.	音節境界		ɹi.ækt
‿	連結 (無境界)		

声調と語アクセント

平板   曲線

ő またはꜛ 超高	ě または ꜜ 上昇
é ˥ 高	ê ꜛ 下降
ē ˧ 中	e᷄ 高上昇
è ˨ 低	e᷅ 低上昇
ȅ ˩ 超低	e᷈ 上昇下降

↓ ダウンステップ ↗ 全体的上昇

↑ アップステップ ↘ 全体的下降

補助記号

	無声	n̥ d̥		息漏れ声	b̤ a̤		歯音	t̪ d̪
	有声	s̬ t̬	~	きしみ声	b̰ a̰		舌尖音	t̺ d̺
ʰ	有気音	tʰ dʰ		舌唇音	t̼ d̼		舌端音	t̻ d̻
	強い円唇化	ɔ̹	ʷ	唇音化	tʷ dʷ	~	鼻音化	ẽ
	弱い円唇化	ɔ̜	ʲ	硬口蓋音化	tʲ dʲ	ⁿ	鼻音開放	dⁿ
	前進	u̟	ˠ	軟口蓋音化	tˠ dˠ	ˡ	側面開放	dˡ
	後退	e̠	ˤ	咽頭音化	tˤ dˤ		無音開放	d̚
¨	中舌化	ë	~	軟口蓋音化または咽頭音化	ɫ			
×	中央化	ě		上寄り	e̝ (ɹ̝ = 有声歯茎摩擦音)			
	音節主音	n̩		下寄り	e̞ (β̞ = 有声両唇接近音)			
	非音節主音	e̯		舌根前進	e̘			
˞	R音性	ɚ a˞		舌根後退	e̙			

基線の下まで伸びる記号の場合は、補助記号を上に付けてもよい。 例 ŋ̊

活字書体: Doulos SIL, Kozuka Mincho (メタテキスト); Doulos SIL, IPA Kiel, IPA LS Uni (記号)

出典：国際音声学会 (International Phonetic Association)
http://www.internationalphoneticassociation.org/IPAcharts/
IPA_chart_trans/pdfs/IPA_Kiel_2020_full_jpn.pdf

第6章 音声と音韻

　ここまでで、音声を考える材料となる音を分類してきました。これから日本語の音声について観察していきますが、これまで見てきたすべての音がすべて同じ役割を果たしているわけではありません。ある言葉について観察していくと音の違いが重要なものとそうではないものがあることがわかります。

　例えば［r］と［l］の違いは、日本語にとっては重要な差ではありません。それは「ライス」の最初の子音を［r］で発音しても［l］で発音しても、通常のコミュニケーションに差し支えないことからもわかります。

　さらに厳密に観察すれば「ライス」の発音でも同じ人が発音する場合でも、ましてさまざまな人の発音がまったく同じわけもなく、厳密には一回ごとに違う音だとも言えます。母音についても口の中の形が寸分違わぬ人が二人といるわけはないことを考えれば、響きも人それぞれに違うはずです。それでも日本語話者の間では同じオトとして扱われ、話が通じています。つまり、ある言語の話者は実際に聞こえる無数の音の変種をその言語特有のやり方で分類して用いているのです。逆に言えば、その言語にとって不必要な区別は経済上の原則から、聞き分けないで無視しているわけです。

　その分け方も1通りとは限りません。○●□■を二つに分類するのに、形に注目して○●と□■に分けたり、色に注目して○□と●■に分けたりすることができます。母語と違った分類法にはなかなか気がつきません。つまり、日本語母語話者は［r］と［l］の聞き分けができないのではなく、日本語の音の使い方のしくみでは、この二つの音を区別して聞く必要がないため、聞き分けていないのです。

　このように、ある言語では何を基準にして音を区別しているのかを知ることは、その言語の音を観察する上で重要なことです。さらに音声記号を用いて音を表記する場合も、辞書など発音の基準を示すためには、音素に基づいた抽象化がされるのが普通です。このことの詳細は第7章で述べます。なお、この章で扱うのは音声を考える上で最低限知っておくべき基本的な概念のみです。音素について研究する「音韻論」は言語学の一分野として音声学とは独立した研究分野であり、考え方もさまざまです。ただし音声のさまざまな現象を考える上で音韻論は非常に重要で知れば知るほど音声の把握に役立つことがあります。参考文献に挙げる本を参考にぜひ知見を深めてください。

第6章のポイント

　具体的な「音声」に対し、意味区別の機能からある言語の抽象的な音の単位である「**音素**」を定め、そして音声としては「音素」が「**異音**」として現れるという音韻的な考え方を理解すること。

■ 6.1　音声と音素

「カサ」と「カタ」という二つの語の違いは「サ」と「タ」の違いです。もっと細かく見れば、「サ［sa］」と「タ［ta］」の子音、［s］と［t］の違いということになります。つまりこの二つの子音の違いが語（意味）を区別しているのです。しかしこのように音が変われば意味が変わるとは限りません。「カサ」を［kasa］と発音しても、「サ」の子音に英語の th の音を使って［kaθa］と発音しても、「カサ」であることには変わりはありませんから、日本語では［s］と［θ］の音の違いは意味を区別する力を持っていません。

ある言語の音のしくみを考えるときには、意味の区別をもたらす音の違いが重要で、意味の違いをもたらさない音の違いは違いとして意識されていません。ですからある言語の音について考えるときには、「その言語において同じ役割（機能）を果たしていれば、その言語にとって同じ音の単位に属する」と考えてまとめた単位がその言語における音の単位になります。そのようにして作られた音の抽象的単位を「音素 (phoneme)」といいます。

ある言語の音素を見つけ出すには、先ほど挙げた「カサ［kasa］」と「カタ［kata］」のような、1カ所の音だけが違っている対（ペア）を作ってみるのが有効です。このように1カ所の音だけが違っていて、あとはまったく同じである対の単語において比較する音（下線で示す）が［ka_a］という同じ音声環境に現れていることになります。

このペアの意味が変われば、その二つの音はその位置で「対立」し、それらの二つの語は「ミニマルペア（最小対語）」をなすといいます。そして「それぞれの音は別の機能を果たすので異なった音素に属する」ことになります。

$$
\text{ミニマルペア} \begin{cases} \text{［kasa］（カサ）} \\ \text{［kata］（カタ）} \end{cases} \longrightarrow \begin{cases} \text{［ka\_a］の環境で［s］と［t］は対立するので} \\ \text{［s］は/s/、［t］は/t/という別の音素に属する。} \end{cases}
$$

音素が異なれば、語の意味が変わるので、**音素は「意味（単語）を区別する最小の音の単位」**という定義もよく使われます。音素は表記では／／で示します。

それに対して［s］と［θ］は調音点の違う別々の音ですが、日本語においてはその違いによって語の意味を区別することはないので、この位置で対立せず、［s］と［θ］は同じ音素に属していると認定されます。

$$
\begin{cases} \text{［kasa］（カサ）} \\ \text{［kaθa］（カサ）} \end{cases} \longrightarrow \begin{cases} \text{［ka\_a］の環境で［s］と［θ］は対立しないので} \\ \text{［s］と［θ］は同じ音素/s/に属する。} \end{cases}
$$

それに対して同じ［s］と［θ］が、英語ではそれを入れ替えることによって別の意味の語になるので、それぞれ別々の音素に所属しているということになります。

$$
\text{ミニマルペア} \begin{cases} \text{［siŋk］（sink：沈む）} \\ \text{［θiŋk］（think：考える）} \end{cases} \longrightarrow \begin{cases} \text{［\_iŋk］の環境で［s］と［θ］は対立するので} \\ \text{［s］は/s/、［θ］は/θ/という別の音素に属する。} \end{cases}
$$

6.2 音素と異音

音素は、その言語の母語話者の「オト」に対する意識を表しているともいえます。同じ音素に属している音は「同じ音」と認識し、異なった音素に属している音はそれとは別の音ととっていることになります。

音声の側から見ると、**音素とは互いに入れ換えても単語の意味が変わらない（当該言語を母語とする人には同じ音だと意識される）音の集合体**とみなすことができます。

音素の側から見ると、ある音素は実際に発音される（実現される）ときには、いろいろな音として発音されることになります。それをその音素の「**異音**」といいます。

先ほどの例で考えれば、日本語の [s] と [θ] は両方とも日本語の音素/s/の異音ですが、英語では [s] は音素/s/の異音、[θ] は音素/θ/の異音ということになります。

日本語における [s] と [θ] のように、どんなときにどの異音が現れるかの条件が決まっていないとき、それらはその音素の「自由異音（自由変異）」と呼ばれます。

このように英語では別の音素の異音なので区別しなければならない [s] と [θ] (th) が日本語では同じ音素の異音なので聞き取りや発音の区別が難しいことになります。

日本語を学んでいる中国語や韓国語が母語の話者は日本語の清音と濁音の区別に問題があることがありますが、それはそれぞれの言語音素が以下のようになっているが原因の一つです（以下の音の違いの詳細はコラム3参照）。

中国・韓国語：音素		異音	日本語：音素	
有気音	/ p, t, k /	→ [pʰ, tʰ, kʰ]	/ p, t, k /	無声音
無気音	/ b, d, g /	[p, t, k]		
		[b, d, g] ←	/ b, d, g /	有声音

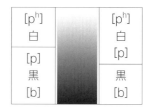

日本語では破裂音の区別は無声音か有声音かという「声帯振動の有無」を基準に判断しますが、中国語・韓国語では「気息の有無」で判断します。そのため無気音の無声破裂音は [p, t, k] は日本語では [pʰ, tʰ, kʰ] を含む音素/p, t, k/の異音ですが、中国語・韓国語では [b, d, g] を含む音素/b, d, g/の異音です。

右側の色の例えで言えば、音声に当たる白から灰色を経て黒にいたるグラデーションに対して音素に当たる色の名前は「白」と「黒」です。ただし、その境界が異なっていて、灰色に当たる「無声の無気音」を日本語は「無声無気音」と同じ「白」とみなし、中国語・韓国語は「有声無気音」と同じ「黒」とみなすことになります。日本人に有気音と無気音の区別が難しいのも同様です。

なお音素は斜線/ /の中に通常はアルファベットを用いて記述されます。そのため/b/のように音声記号と同じ文字が使われている場合も多いですが、音声記号と異なり特定の音を示しているわけではなく「〜語の音素の一つ」という意味です。上の説明でも日本語にも中国語の音素にも/b/という音素記号が使われていますが、異なった機能を担っているのに注意しましょう。

なお言語の文字表記は基本的にその言語の音の区別である音素の準じた単位を用いるのが普通です。中国語の発音を示すローマ字（ピンイン）表記で「北京（ペキン）」は四声を除けば「beijing」となります。語頭がbなのは、これが中国語の音素/b/の意味で発音すると語頭なので異音［p］の音が現れ、日本語ではペキンに聞こえるわけです。

■ 6.3　相補分布と条件異音

サ行の「サシスセソ」の発音では、以下に見られるように/s/の次に来る母音が/a//u//e//o/のときには［s］、/i/のときには［ɕ］という子音が観察されます。

このような場合、この二つの音は次に来る母音が異なるため、同じ音声環境を作ることができないので対立が起こるかどうかチェックができません。

ただし以下のように母音の前でお互いに相補いながらすべての音声環境（5種類の母音の前）をカバーしています。このような場合、これらの音は「相補分布」しているといいます。

音素　　　条件異音　　　現われる条件
/s/　→　［s］　　　/a//u//e//o/の前
　　　　　［ɕ］　　　/i/の前

この場合、「サ行には/a//u//e//o/の前の音素/s/と/i/の前の音素/ɕ/の二つがある」と考えることもできます。しかしこのように相補分布して音が音声的に類似していれば別の音素と考えず、以下のように一つの音素の異音として考えるほうが合理的だと考えられています。

ただしこの場合、相補分布する異音は、**現れる条件が決まっているので「条件異音」**と呼ばれます。相補分布と条件異音については第10章（特殊音素）でも触れるのでそこも参照してください。

参考

なお［s］と［ɕ］は「サク［sakɯ］／シャク［ɕakɯ］」などのミニマルペアがあるので別の音素に属するのではないか、などの疑問を持つかもしれません。しかしこれはサ行だけでなく、「［kakɯ］　カク／［kjakɯ］　キャク」を含むすべての行で直音と拗音の間に見られる現象です。

これらをすべての行で別の音素にするのは、母語話者の直感にあいません。ですから拗音はすべての行において、以下のように解釈して体系を整えます。サ行では/i/の前以外に、/j/の前でも［ɕ］の異音を持つということで説明がつきます。

カキクケコ　　　キャキュキョ　　サシスセソ　　シャシュショ
カ行/ ka ki ku ke ko / /kja kju kjo / サ行/ sa si su se so / /sja sju sjo /

6.4　日本語の音素

　日本語の音素をきちんと決めるには、あらゆる音の組合せを考えて、日本語の音韻の体系を組み立てる作業をしなくてはなりません。また記述の立場によっても記述法が変わります。ここでは音素設定の手順は省いて、一般的な考え方による日本語の音素を挙げておきます（「拍・モーラ」については「第8章　拍（モーラ）と音節」参照）。

母音音素：単独でも、他の子音音素と組み合わさっても拍を形成する音素。
　/a/ /i/ /u/ /e/ /o/

子音音素：単独では拍にならず母音音素と組み合わさって拍を形成する音素。
　/k/ /g/ /s/ /z/ /t/ /d/ /c/ /n/ /h/ /p/ /b/ /m/ /j/ /r/ /w/

　基本的に五十音図の行ごとに一つずつです。ただし/c/は「ツ」や「チ」の子音を示す音素です。これがないと「チ/ci/」と「ティ/ti/」を区別ができなくなります。
　/j/と/w/は半母音音素として別に分類することもあります。

特殊音素（モーラ音素）：他の音素と組み合わさらず必ず単独で拍（モーラ）を形成する音素。
　撥音　　仮名文字では「ん・ン」にあたる。音素記号では通例/N/と書かれる。
　促音　　仮名文字では「っ・ッ」にあたる。音素記号では通例/Q/と書かれる。
　引く音　長母音の後半の部分。音素記号では通例/R/と書かれる。

これらは、相補分布の原則などから一つの音素として認められています。詳細は「第10章　特殊音素（撥音・促音・引く音）」で扱います。

　これらを用いた五十音の音素表記は、基本的にはyの代わりにjを用いた訓令式のローマ字表記とほぼ同じです。例えば、「サシスセソ　シャシュショ」は/sa si su se so sja sju sjo/になります。ただしタ行は、タ/ta/、チ/ci/、ツ/cu/、テ/te/、ト/to/、チャ/cja/、チュ/cju/、チョ/cjo/です。外来語音は表記に揺れがあり「ファ、フィ、フェ、フォ」は/hwa//hwi//hwe//hwo/のように音素表記されます。
　さらに撥音（ん・ン）は/N/、促音（ッ・ッ）は/Q/、引く音は/R/になります。

例　青い家/aoiie/　　　　　スッポンスープ/suQponsuRpu/
　　小学校/sjoRgaQkoR/　　チクワ/cikuwa/　　　　　　ツグミ/cugumi/
　　着色/cjakusjoku/　　　中上級/cjuRzjoRkjuR/　　　調査/cjoRsa/

　音素を決定する手順などの詳細および連濁、語形成や活用の際に見られるさまざまな音韻現象に関しては、参考文献に挙げる音韻関係の文献をぜひ読んでみてください。

第6章　確認問題

問題　（　　　）の中に適切な語句を書き込んで、以下の説明文を完成させなさい。

　音の違いには、その言語の話し手にとって重要な音の違いと、そうでなく同じ音のバリエーションのような違いがあります。

　例えば「ライト」の語頭の「ラ」の子音を「有声歯茎はじき音」ので［raito］と発音しても、有声歯茎側面音で［laito］と発音しても同じ「ライト」と発音されたと見なされます。それに対して中国語を母語とする学習者が語頭の子音に有声歯茎鼻音を用いて［naito］と発音すると「ナイト」という別の語になってしまいます。

　これを整理してみましょう。「ある言語において同じ役割（機能）を果たしていれば、その言語にとって同じ音の単位に属する」と考えて得られた単位を（　①　）といいます。その考え方から言えば［raito］も［laito］も同じ「ライト」なので［r］と［l］は日本語では同じ①に属することになり［　］ではなく（　②　）を用いて表記します。

　それに対して［raito］はライト、［naito］はナイトで意味が異なりますから、［r］と［n］は語の意味を区別するので、その位置で（　③　）しており、この二つの語は「1カ所だけ異なり、あとはまったく同じである対の語」である（　④　）になります。この場合はそれぞれの音は異なった①に属します。

　音素は抽象的な単位ですから実際に言語として使われるときは具体的な音として現れなければなりません。このとき、①が具体化して現れた音をその音素の（　⑤　）といいます。

　中国語を母語とする日本語学習者は破裂音の有声と無声を誤ってしまいがちです。なぜでしょうか。例えば、両唇の破裂音には有声音［b］と無声音［p］があります。

　日本語で［pari］と［bari］という［p］と［b］だけ異なる④を作ると、意味が異なることから、［p］と［b］はそれぞれ異なる①と認められます。

　それに対して無声破裂音には気息を伴う有気音［pʰ］と伴わない無気音［p］があるので、［pari］と［pʰari］という［p］と［pʰ］のみが異なる④を作っても意味を変えることがないので、［p］と［pʰ］は、同一の①の⑤です。このように日本語では有声・無声の違いが意味の区別にとって重要になります。

　一方、中国語では日本語と異なり、［pan］と［pʰan］の違いが意味を変えるので、それぞれ異なった①に属します。それに対して、［pan］と［ban］とは意味を変えないため、同じ①の⑤ということになり、下記のようにそれぞれの音の①への所属が異なります。

日本語	無声	［pʰ］	有気	中国語
		［p］	無気	
	有声	［b］		

　このように中国語では有気・無気の対立が語の意味の区別にとって重要で、有声・無声は意味の区別に関係しません。つまり、中国語話者にとって、［p］と［b］は入れ替わっても意味の変わることのない音なので、混同してしまうというわけです。

第7章 音声表記

　この章では、音声記号を用いた音声の表記に関し注意しなければならない点について述べていきます。言語は基本的に音ですが、音自体は具体的な音は消えてしまいますから、記録には文字が使われます。ただし通常の文字による表記は、その言語の音の区別ができればいいわけですから音韻的なものです。ですから文字では不足なので音声記号が用いられることになります。

　さらに言語の音は連続体です。母音に顕著ですが舌を前寄りにして徐々に下げていけば [i] から [a] まで連続して音が変わっていきます。子音でも舌を使った調音点は歯から口蓋垂まで連続して移動することができます。しかし発音を仕分けられ、聞き取れる細かさには限度がありますし、音声記号の数にも限りがあります。ですから音声記号で表すということ自体で、ある程度の恣意的な切り捨てを行うことになります。

　楽器で例えれば、ヴァイオリンは弦を指で押さえた位置で音程が決まりますから、限度はあるにしろ「ド」から周波数が倍になる1オクターブ上の「ド」までをグリッサンド（指を滑らせて）で連続した変化で弾くことができます。それに対してピアノのオクターブは12の音に分けられています。二つの鍵盤の間の音を引くことはできません。例えば民謡が歌われたのを聞いて、そのメロディをまねする場合、ヴァイオリンなら微妙な調整で近い高さの音が作れますが、ピアノでは二つの鍵盤の中間の音は近い方で代理することになります。通常使われている五線譜はピアノのような音のあり方で書かれていますから民謡などを通常の五線譜で書く場合はその段階で抽象化が行われていることになります。どうしても、もっと細かい音の高さを記述したいときや演奏してもらいたいときは通常はあまり見ることはありませんが、必要に応じて1/4音などを表す微分音の表記などを使うことになります。音声表記も同様です。用途に応じてさまざまなレベルでの表記が必要です。それを行うためにさまざまな補助的な記号が使われることがあります。

　正しく音声記号を使い読みこなすためには、その表記がどのような基準でなされたかを知ることが重要です。例えば古代日本のように色を「白・黒・赤・青」の四つで分けていた世界の「青」は現代語の「緑」などを含むため、現代語での「青」とは示す色の範囲が異なります。音声記号も、どのような基準で、どのような記号で表記されているかをきちんと理解しないと正しくその記号を解釈できません。この章ではその表記の仕方を実例とともに紹介し、一般的に行われている音声表記から何を読み取るべきかを学びます。

第7章のポイント

　音声を記号で記述する際、聴覚上の違いを可能な限り詳細に記述する「精密表記」と、基本的にその言語で区別する音で記述する音素（音韻）表記に近い「簡略表記」の違いを理解し、具体的な音声記号での記述を正しく理解できるようにすること。

7.1　精密表記

　録音機材や技術が発達したとはいえ、言語データを集めるのは基本的にその言葉の話者の発音を精密に記述するのが出発点になります。その場合は可能な限りの精密さが要求されます。未知の言語であれば、その音声データから音素を定めるなどしてその言語の音のしくみを記述するのが研究の出発になります。その際に使われるのが観察できる限り詳しく表記する「精密表記」です。言語学を専攻する者にとってはそれができるようになるための音声学の知識と訓練は不可欠です。以下、精密表記の例を挙げます。これは筆者も受講して苦労した言語学専攻の大学院の修士課程 1 年で必修の音声学の講義の演習としてなされた手書きの表記の一部を作成者の許可を得て作成したものです。

// ðɾˌuskəsˈtɔˑəpʲɪrɪstˈɾɐ ɹˌkəpɾ ɹˌtəˈʒ ɨˈmək ʉ næˈʃaʉ

ʃəmˌʃʲəɔʊˈʃoʊ̆ˈmʲiɾ ɹ pɾæt͡ɕ ɹ̩ˈəso　/　pʲɛrjəsməsˈleˈɲəʃ

/　ð̆ɾ ɹ̩ˈaɪlnəstʲ ɹ̩ˈjæjəɾnəkəsˈmʲitʃʲəskə ɹˌe̝ˈpʷo̝ˈçə

/　nəˈʋɪəɾnədl̩epˈsʲəs t ç ɹ̩ʃʲəsʲjaˈɲnəʃtənəsˈtɾɑ x

/　nəsˈtɑˈɾe̞xw̝ət̪wˈxəˈdəx

/　nʲiɾˈʃidprəbˈl̩eɱsəvɾɹ̩ˈmʲənŋ̊o̝ʊ̆ˈmʲiɾə //

　母音の記号の下に付いているのは、記号が表す基本母音などの音に比べての舌の位置の微妙な上下や前後を表しています。精密表記では、このように対象の音声を生理（調音）的、聴覚的に少しでも違っていれば記号を区別して使います。

　ここまでの精密さは別にしても、言語音の対照研究で、日本語の「タ」の [t] と英語の t [t] を比較するときなどは、日本語は基本的に歯で調音されるので「歯」で調音されていることを示す補助記号（[̪] ）を添えた [t̪] と [t] のように違いを示すのに有効です。

　ただしこれはある話者の、そのときの発音の表記です。ですから同じことを同一人物がもう一度発音した場合や、他の人が発音した場合はまったく別のものになります。ですから辞書にある単語の発音を載せる場合、これは不適切です。そのため、ある言語の発音の記述に「意味の区別に必要な記号だけを使う」という表記が使われるようになりました。それが「簡略表記」です。例えば上記の 1 行目を簡略表記すると以下のようになります。これなら容易に発音が浮かぶと思います。

[ruskəj slovə pirstrojkə prilaʒimə knat͡ʃaf]

　なお、日本語に関しては拍ごとにある程度精密に考えた観察と表記は第 9 章で扱います。

■ 7.2　簡略表記

「意味の区別に必要な記号だけを使う」のが「簡略表記」です。この観点からは「簡略表記」はほぼ「音素表記」ということになります。このことは最近の辞書、特に英語の辞書の発音表記に音声を表す［　］ではなく、音素を示す/　/が使われていることにも表れています。

例えば英語の辞典で rose の最初の子音の表記には通常/r/と書かれています。もし音声記号［r］として読めば、英語の発音とはまったく異なった、いわゆる「巻き舌の r」である「有声歯茎震え音」を示すことになります。ですから発音解説などで「この辞書で/r/が示すのは……」のように具体的な音の説明が与えられています。こうすれば特殊な記号を用いずにその言語の音声が表記できるわけです。ですからドイツ語の辞書でもフランス語でも、それぞれの言語の r を同じ r の文字で示していますが、それぞれが言語によって異なった音を示していることが理解できると思います。

簡略表記は音素表記が基本ですが、純粋な音素表記をすると学習者に誤解を招くことがあります。例えば「寿司」を音素表記に準じて簡略表記すれば/susi/となります。日本語の母語話者は「/s/は/i/の前では［ɕ］と発音する」という異音の規則を知っているので問題ありませんが、このままでは例えば日本語学習者は［s］のまま「ススィ［susi］」のように発音しがちです。このことは日本人向けの訓令式のローマ字は「シ」を「si」で表記しているのに対し、英語話者向きのヘボン式では「shi」と表記していることでもわかると思います。もちろん発音解説などではこのような現象に触れることになるでしょうが、教育上は発音表記でもそのような表記を行った方が有効です。

それゆえ辞書の発音表記は純粋な音素表記ではなく、ある程度の異音を表記したものになっているのが普通です。音素表記の記号「/　/」が知られていないことも含めて辞書でも、特に入門書や参考書などでは音声表記の［　］を用いた表記が使われるのが一般的です。ですから音声表記が［　］であっても基本的に簡略表記なので、ロシア語の辞書で［r］と書いてあれば音声記号通りの「有声歯茎ふるえ音」を表しますが、英語の辞書ではそうでないことには注意しましょう。

従来は「活字がない」などの印刷上の問題や特殊な記号を避けるなどの観点、さらにどの程度簡略化するかによって、複数の表記がありました。ですから表記を読み取るときにはその表記がどのような基準で簡略化されたものであるかを見極めなければなりません。

日本語に関していえば、NHK 放送文化研究所編『NHK 発音アクセント新辞典』(2016) では発音は仮名文字で示されています。仮名は音素ではありませんが、「カ」は/ka/のように特定の音素に対応しているので、引く音を「ー」で示せば「摂氏温度計（セッシオンドケー）」のように簡略表記として用いることができるわけです（辞典ではアクセントや母音の無声化（第 11 章参照）の表記が加わっています）。

多く行われている音声表記は、母音は基本的には音素に近い表記、ただし子音の条件異音は必要に応じて簡略に表記されていると考えておけばよいでしょう。ただし上述の理由で、いくつかの表記があるので注意が必要です。詳細は第 9 章で触れます。

【資料】

音声器官と音声記号表の対応関係

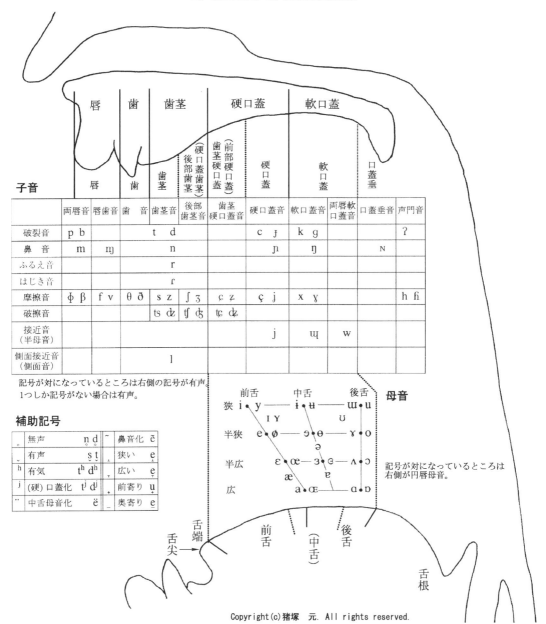

記号が対になっているところは右側の記号が有声。
1つしか記号がない場合は有声。

母音
記号が対になっているところは
右側が円唇母音。

補助記号

	無声	n̥ d̥	~	鼻音化	ẽ
	有声	s̬ t̬		狭い	e̝
ʰ	有気	tʰ dʰ		広い	e̞
ʲ	(硬)口蓋化	tʲ dʲ		前寄り	u̟
¨	中舌母音化	ë		奥寄り	e̠

第8章 | 拍（モーラ）と音節

　音声が実際に言葉として使われるときには、子音や母音などの個々の音が一つ一つ単独で発音されるのではありません。いくつかの音がまとまって発音されます。例えば「サンタ（santa）」という語を考えてみましょう。

　「サンタ」を逆に読んだらと言われたら「タンサ」と言いますから「サ（sa）」「ン（n）」「タ（ta）」という三つに分けて考えているようです。たしかに俳句などで数える場合も「サ」「ン」「タ」と区切って三つに数えるでしょう。

　しかし「ン」は単独で発音することはないので、「サン（san）」「タ（ta）」と二つと考える人もいるでしょう。しりとりでも「サンタ」の次は「タ」で始まる単語を言うことになりますが、「タンサン」のように「ン」で終わる語を言うと「ン」で始まる語がないので、負けになってしまうように特別な扱いを受けています。

　さらに「カート」や「カット」はどうでしょうか。表記上「ー」や「ッ」で表されている部分は俳句などでは「ン」と同様に一つに数えますが、「ー」は前の「カ」の「ア」が切れ目なしに延びているだけですし、「ッ」は実際には音がありません。ですから「カー」「ト」や「カッ」「タ」のほうが自然なまとまりと考える人もいるでしょう。

　日本語では、仮名1文字ずつの単位が発音上の基本的な単位になっていて「拍（モーラ）」といいます。「日本（ニッポン）」は「ニ・ッ・ポ・ン」と4拍になるので「ッ（促音）」「ン（撥音）」も一つの拍として数えています。「スキー」も「ス・キ・イ」のように3拍に数えるので「ー（引く音）」も一つの拍を作ります。

　ところが実際の発音ではスキーの「キー」の「ー」は前の「キ」の母音が延びているだけで発音上は切れないひとまとまりの単位です。このようなひとまとまりに発音される単位は「音節」といいます。音節は「まとまって聞こえ、間に音の切れ間なくひとまとまりに発音される単位」なので、あらゆる言語にも見られますが、拍は日本語など少数の言語に独特なものなので日本語を学ぶ場合や、日本人が外国語を学ぶ場合に誤りを引き起こすことがあるので拍と音節の違いに注意する必要があります。

第8章のポイント

　音のまとまりの単位の中で、日本語に特有の「拍（モーラ）」というリズム的な単位と、発音上のまとまりである「音節」の違いを理解すること。

鄭

8.1　モーラ（拍）

　日本語では、しりとりや逆さ言葉（回文）などを考えても、ほぼ仮名 1 文字ずつの単位が発音上の基本的な単位として意識されています。この単位を「モーラ」といいます。俳句や短歌などで、指折り数えるときもこの単位で数えることでもわかるように「モーラ」は同じ長さで話される「等時性」を持っています。

　この「モーラ」という用語をポリワーノフは 1915 年の『東京の言葉における音楽的アクセント』で用いており、1930 年のプレトネルとの共著『日本語口語文法』でも「子音は通常母音無しでは発音されず、重なることがないので音節の種類は限定される」としています。さらにシチェルバは 1912 年の『質的・量的観点から見たロシア語の母音』で、音素の定義の中で概略「すべてが子音＋母音のような開音節で構成されている言語では/sa/、/ka/、/ta/などが独立した音素となる。古代日本語はこのような状態に近づいており文字体系に反映されている」としてこの単位を指摘しています。

　この「モーラ」とほぼ同義で「拍」という用語も使われています。モーラにしても拍にしても定義などの違いはありますが、事実上は同じものを指します。アクセント辞典などを含め「拍」と言われることが多いので、本書では同じものとして扱い、以後「拍」という用語を用います。なお定義などを含めた「拍（モーラ）」の詳細は城生他『音声学基本事典』（p. 395「モーラ」）、亀井他『言語学大事典』（p. 1064「拍」、p. 1359「モーラ」）に譲ります。

　この「等時性を持つリズムの上での単位」の「拍」は日本語において仮名文字の表記も使われていることからもわかるように、実際の発音の仕方などに無関係の抽象的な音韻的な音のまとまり単位と考えられ、その点では 8.3 で述べる音韻的音節の一種です。ただし日本語のように拍という単位を持つ言語はあまりないとされています。

　以下、仮名表記をもとに拍を考えていきます。

8.2　仮名表記と拍

　仮名文字で表記した場合は、拗音や外来語音などで、仮名に添えられた小さい「ャ、ュ、ョ、ァ、ィ、ゥ、ェ、ォ」を除いた文字の数が拍の数と一致します。添えられた小さい文字はその前の文字と一緒に一つの拍になります。さらに、「ン（撥音）」や「ッ（促音）」、「ー（引く音）」も独立して一つの拍を形成します。以下、仮名表記をもとにどのような音の組み合わせが拍を形成するか整理していきます。

●**単独で発音される自立拍**
直音：「あ」「か」など、仮名 1 文字で表される拍。
　例：胃（イ）：1 拍、蚊（カ）：1 拍、未来（ミライ）：3 拍　など
拗音：「きゃ」「しゅ」「にょ」など、イ段の仮名に小さい「ゃ・ゅ・ょ」を添えた文字で表される拍。
　例：茶（チャ）：1 拍、華奢（キャシャ）：2 拍、距離（キョリ）：2 拍　など

上記以外：「ファ」「ティ」「デュ」など小さい「ァ・ィ・ゥ・ェ・ォ・ャ・ュ・ョ」を添えて表記される直音にも拗音にも入らない拍。

　　例：FIFA（フィファ）：2拍、ディスク：3拍　　など

●**特殊拍（モーラ拍）：単独では現れることができず、必ず独立する拍の後に来る。**
撥音：「ン」や「ん」で表される音。後ろの音の口の形で息を鼻に抜き1拍待つ。

　　例：餡（アン）：2拍、シャンパン：4拍、万年筆（マンネンヒツ）：6拍
促音：小さい「ッ」や「っ」で表される音。後ろの子音の口のまま1拍待つ。

　　例：悪化（アッカ）：3拍、食感（ショッカン）：4拍
引く音（長音）：片仮名では「ー」、平仮名では「てい（邸）」の「い」、「とう（塔）」の「う」などで表される音。前の仮名の母音がそのまま1拍分延ばされている。

　　例：キー：2拍、低空（テークー）：4拍、スッポンスープ：7拍

　なお「ンゴロンゴロ自然保護区」など「ン」で始まる語などを含めた以上の音の詳細は、「第10章　特殊音素（撥音・促音・引く音）」で扱います。

8.3　日本語の音韻的音節

　モーラ（拍）がリズム的なまとまりであるのに対して、音声が言語として発音される際に作られる音のまとまりの単位は「音節」といわれます。通常は間に音の切れ目がなく、ひとまとまりに発音される単位で、聞こえの明瞭な「母音」を音節の主音として、その前後に子音がついた構造をなしています。

　音節には、音韻的な音節と音声的な音節があります。それらの詳細は章末のコラム4に譲ってここでは、日本語の音韻的音節について見ていきます。

　どのような音節の構造が許されるかは言語によって異なります。日本語では単独で拍を構成できる自立拍は、そのまま単独で音節を構成し、1拍で1音節の単音節になります。

●**短音節（1音節1拍）：自立拍のみ**
直音：胃（イ）：1拍／1音節、蚊（カ）：1拍／1音節、未来（ミライ）：3拍／3音節
拗音：茶（チャ）：1拍／1音節、華奢（キャシャ）：2拍／2音節
上記以外：FIFA（フィファ）：2拍／2音節、ディスク：3拍／3音節

　音節のうち、母音で終わる音節を「開音節」といいます。それに対して cap［kæp］、straik［straik］など、子音で終わる音節を「閉音節」といいます。そのため外来語では原語で子音が連続したり子音で終わっている語は「キャップ（kyappu）」「ストライク（sutoraiku）」のように母音が挿入され開音節になります。

　特殊拍（モーラ拍）は単独で拍を構成しますが、単独では現れることができないため、単独では音節を構成できません。通常は語頭に現れず、必ず独立する拍の後に来るので前の拍と一緒になり1音節で2拍の長音節を構成します。音節の切れ目を「・」で示します。

●長音節（1音節2拍）：自立拍＋特殊拍（モーラ拍）

自立拍に撥音を伴う音節

　餡（アン）：2拍／1音節、シャン・パン：4拍／2音節

自立拍に促音を伴う音節

　悪化（アッ・カ）：3拍／2音節、食感（ショッ・カン）：4拍／2音節

自立拍に引く音を伴う音節

　キー：2拍／1音節、低空（テー・クー）：4拍／2音節

　日本語は母音で終わる開音節が基本ですが、音節が撥音か促音で終わる場合には子音で終わる閉音節が現れることがあります。

　「解いた（トイタ）」［toi］と「戸板（トイタ）」の［toi］を比べると、前者は「二重母音」的で、後者は母音連続と感じられると思います。このように「〜アイ」「〜ウイ」「〜オイ」などの母音連続において、二重母音化して「イ」がその二重母音の後部となる場合は単独では発音できない特殊音素として「二重母音の後部／J／」を設定します。その場合は「解いた」は自立拍に「二重母音後部」を伴った1音節2拍になります。

　「ヤマダー」などと最後を延ばして発音する場合、語末で単独で発音できない「ン」がある場合に「ヤマダサーン」のように最後の音節を延ばします。それと同様に最後が「イ」の「アマイ」などでも最後の音を延ばす「アマイー」よりも「アマーイ」のように最後の音節を延ばすことでも「マイ」で1つの音節として意識されていることがわかると思います。なお日本語でも音節は持つがモーラは持たない「シラビーム方言」があります。これに関しては第13章のリズムの項を見てください。

　上記のうちで引く音を伴う長音節は、その後にさらに撥音や促音を伴った1音節3拍や4音節に相当する「超長音節」を構成することもあります。

　自立拍＋引く音＋撥音：コーン（1音節3拍）

　自立拍＋引く音＋促音：通っ（た）（トーッ：1音節3拍）

　自立拍＋引く音＋撥音＋促音：ウィーンッ（子）（1音節4拍）

　なお音韻論的音節では「茄子（ナス）」は2音節と考えられますが、語末の「ス」の母音が無声化（第12章参照）され［nas］のように母音がない場合、音声学的には1音節と考えることができます。

第8章まとめ

拍数	3	3	3	3	3	
	ア・ク・シュ	シ・ン・ポ	シ・ッ・ペ	シ・ー・ツ	リ・カ・イ	
音節数	ア・ク・シュ	シン・ポ	シッ・ペ	シー・ツ	リ・カ・イ	リ・カイ
	3	2	2	2	3	2☆

☆二重母音化して後部要素となった「イ」を伴う場合。

第8章 確認問題

問題 （　　　）の中に適切な語句を書き込んで、以下の説明文を完成させなさい。

　「赤坂」という語が発音されたときのことを考えてみましょう。空気の振動として考えれば、この音声は連続体です。ただし音声学的にはこれは［akasaka］という子音と母音が並んだものと考えられます。

　しかし通常、日本語の母語話者は、これは「ア・カ・サ・カ」という4個の要素からできていると考えています、そのことは、この語の（　①　）が「カ・サ・カ・ア」であると考えたり、（　②　）で次の語は「カ」ではじまり［a］でないことを考えれば、ごく自然な単位として理解できます。この単位を（　③　）といいます。これは音声学的な個々の音である（　④　）とは別の単位であり、俳句などでも用いられるほぼ同じ長さで発音される（　⑤　）を持ったものです。

　ただし（　①　）と異なり「アカサカ」を逆から再生して聞くような場合では、調音器官の動きをもとにした音声的な単位である（　④　）が逆さに並んだ音なので「カサカア」ではなく［akasaka］と音声的な回文に聞こえます。

　この（　③　）では「カンパ」「カッパ」「カート」はすべて（　⑥　）の単位からできていると考えられるので、単独では発音できない「撥音、促音、引く音」のような（　⑦　）もすべて一つに数えてリズムをとります。

　ただし「撥音、促音、引く音」のような（　⑦　）は語頭には現われず、単独では発音することが困難なので、音としては単独で一つの単位をなしているとは考えにくいのです。このような考え方では（　⑦　）は前の（　③　）と一緒に一つの単位をなすと考えらます。このように考えたひとまとまりで発音されるときの単位は通常（　⑧　）と呼ばれます。

　この考え方では「カンパ」「カッパ」「カート」はすべて（　⑨　）の単位からできているということになります。以下の表で（　③　）と（　⑧　）の数を比べてみましょう

語	身長	血管	給付金	スフォルツァンド	ピッチカート
（　③　）の数					
（　⑧　）の数					

コラム 4 ｜「音節」に関して

音声学的音節（phonetic syllable）

　音声学的音節は発音するときの音声器官の緊張・弛緩や、発音された音の聞こえの型などで決められます。ここでは広く行われている「同じ強さ・高さで発音されたときの音の大きさ」である「聞こえの度合い（sonority）」による分け方に触れます。見解の差はありますが、聞こえ度は以下の表では上から、大きい方から小さい方へおおまかに並べてあります。

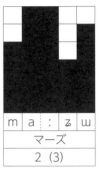

広母音																					
狭母音																					
流音・鼻音																					
有声摩擦音																					
有声破裂音																					
無声子音																					
単音	r	i	k	a	ɕ	i	k	k	ɯ	b	a	ŋ	k	ɯ	m	a	ː	z̪	ɯ		
語	リカ				シック					バンク					マーズ						
音節数（拍数）	2 (2)				2 (3)					2 (3)					2 (3)						

　表の下の「リカ」「シック」「バンク」「マーズ」という語のそれぞれの単音の聞こえの高さをグラフで表すと、上の表のようになります。それぞれ山の数だけ音節があることになります。

　「リカ」のように特殊音素がなければ母音の数だけ音節ができるので、拍数と同じになります。特殊音素の部分の音は前の母音と一緒に音節を作ります。

　聞こえの高い山の頂上をなす音を音節主音、それ以外を非音節主音といいます。音節には、音節主音のみからなるもの、音節主音がその前後もしくはどちらかに非音節主音を従えているものがあります。聞こえが高い母音が音節主音になることが多いのですが、英語のように子音が連続する場合は例えば button［bʌtn］では最後の［n］は直前の［t］より聞こえが高いから音節を作る「成節子音（syllabicconsonant）」として音節主音となります。

　ただし音節の境目に関して子音が連続する場合などでは聞こえ度では説明がつけられないこともあります。また厳密に言えば上で 2 音節とした「シック」でも語末の母音が無声化（第 11 章参照）した場合はほぼ母音がない［ɕikk］のような発音になるので、音声的には 1 音節になります。このようなこともあり純粋に音声学的な立場からの音節の定義は困難だと考えられています。

音韻的音節（phonological syllable）

　個々の言語の特有の音声構造を体系的に捉え、その言語の音の相互関係を捉えられるように構成されたのが音韻論的音節です。基本的に「音節」は母音が一般的な音節の中心で必須の音節核（nucleus）と音節の前の頭子音（onset）、音節の後の尾子音（coda）から構成されます。言語によってそれぞれの要素に許される子音の数や結びつき方が異なります。例えば日本語では拍（モーラ）に特殊音素の尾子音がついた音節構造を持ち、頭子音は 0 か 1 個です。それに対して英語は音節核と尾子音の結びつきが強く韻（rhyme, rime）というまとまりをつくり、それに頭子音がつきます。頭子音は 0 から 3 個まであります。尾子音はあることもないこともあります。通常はこの音韻的音節が音節として意識されます。

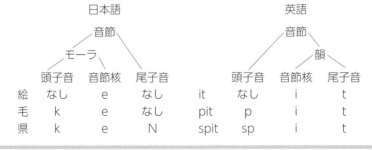

第**9**章 ┃ 五十音図の発音

　五十音図は、音図という名前の通り、日本語で独立して用いられる音の単位である拍を、音声学的に整理して順番に並べたものです。基本的に日本語の発音で現れる音は、この五十音図に入っているので、この章では五十音図の行ごとに日本語の音声を観察していきます。

　五十音図では、/a//i//u//e//o/の5母音で構成されている「ア行」以外は、その5母音の前にそれぞれ子音がついた形になっています。

　この章では各行の発音を具体的に見ていきます。五十音図の発音を音声記号でも表記していくわけですが、これは簡略表記なので、実際の具体的な誰かの発音を忠実に写したものではないことを忘れないでください。特に母音に関してはもっとも簡略度の高い表記になっています。子音については実際の発話でよく観察される異音のうち、代表的なものを取り上げます。

　まず、準備として五十音図のしくみを概観し、その後、直音と拗音の関係を知る上で重要な子音の（硬）口蓋化について触れます。その後、五十音図を基に日本語の発音を観察していきます。必ず発音して確かめながら学習していってください。

第9章のポイント

　ア行に相当する日本語の母音と、以下の表の五十音図の直音の拍に含まれる子音調音の様子を自分の口の動きを通して納得しながら、確認しておく。拗音や外来語音も基本的にこれらの音が用いられている。コラム5「1　五十音図で把握する日本語の子音」も参照のこと。

		両唇	歯茎	歯茎硬口蓋	硬口蓋	軟口蓋	声門
摩擦音	無声	フ	サスセソ	シ	ヒ		ハヘホ
	有声		ザズゼゾ	ジ			
破裂音	無声	パ行	タ ツ テト	チ		カ行	
	有声	バ行	ダ デド			ガ行	
鼻音	有声	マ行	ナヌネノ	ニ			
はじき音	有声		ラ行				
半母音	有声				ヤ行	ワ	

注記：ツ、チは破擦音、語頭もしくは「ン、ッ」直後のザズゼゾ、ジも破擦音が多い。

9.1　五十音図

　表 1 と表 2 は「歴史的仮名遣い（旧仮名遣い）」で本来の「五十音図」を示したものです。縦に並んだ 5 文字ずつを「行」といい、一番上の文字で「ア行、カ行…」のように呼びます。横に並んだ 10 文字は「段」といい、一番右の文字で「ア（の）段、イ（の）段…」と呼びます。

　「い、え」とワ行の「う」は重複して現れているので、これを抜いたものが「いろは 47 文字」です。さらにワ行の「ゐゑを」はかつてあった「イエオ」との音の違いが現在では同音になっています。そのため「ゐゑ」は現代仮名遣いでは用いられず、「を」は助詞の表記用に残されていますが発音は「お」と同じです。この点では五十音図は、仮名文字の一覧表であり、日本語の音の種類を示すものではありません。しかし基本的にこれら文字といくつかの音符を用いて日本語は表記され、これらの文字が表す拍が発音の基本になっています。

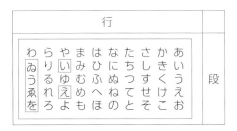

表 1　五十音図（平仮名）

行										段
わ	ら	や	ま	は	な	た	さ	か	あ	
ゐ	り	い	み	ひ	に	ち	し	き	い	
う	る	ゆ	む	ふ	ぬ	つ	す	く	う	
ゑ	れ	え	め	へ	ね	て	せ	け	え	
を	ろ	よ	も	ほ	の	と	そ	こ	お	

表 2　五十音図（片仮名）

行										段
ワ	ラ	ヤ	マ	ハ	ナ	タ	サ	カ	ア	
ヰ	リ	イ	ミ	ヒ	ニ	チ	シ	キ	イ	
ウ	ル	ユ	ム	フ	ヌ	ツ	ス	ク	ウ	
ヱ	レ	エ	メ	ヘ	ネ	テ	セ	ケ	エ	
ヲ	ロ	ヨ	モ	ホ	ノ	ト	ソ	コ	オ	

　ここから重複や同音になって使われないヤ行とワ行の「いうえ、ゐゑ」を除いたものが直音の清音です。これが現代語の五十音図になります。撥音の「ン」が加えられていることもあります。

　これに濁音符（゛）のついた濁音、半濁音符（゜）のついた半濁音があります。さらにそれぞれの行にイの段の仮名に小字のヤ行の文字を加えた拗音を加えたものが表 3 の「拡大五十音図」です。拗音は通例含まれる母音に応じて「ャ、ュ、ョ」がついているものそれぞれを「ア段、ウ段、オ段」の拗音と呼びます。

表 3　拡大五十音図（片仮名）

半濁音	濁音				清音										
パ	バ	ダ	ザ	ガ	ワ	ラ	ヤ	マ	ハ	ナ	タ	サ	カ	ア	直音
ピ	ビ	ヂ	ジ	ギ		リ		ミ	ヒ	ニ	チ	シ	キ	イ	
プ	ブ	ヅ	ズ	グ		ル	ユ	ム	フ	ヌ	ツ	ス	ク	ウ	
ペ	ベ	デ	ゼ	ゲ		レ		メ	ヘ	ネ	テ	セ	ケ	エ	
ポ	ボ	ド	ゾ	ゴ	ヲ	ロ	ヨ	モ	ホ	ノ	ト	ソ	コ	オ	
ピャ	ビャ	ヂャ	ジャ	ギャ		リャ		ミャ	ヒャ	ニャ	チャ	シャ	キャ		拗音
ピュ	ビュ	ヂュ	ジュ	ギュ		リュ		ミュ	ヒュ	ニュ	チュ	シュ	キュ		
ピョ	ビョ	ヂョ	ジョ	ギョ		リョ		ミョ	ヒョ	ニョ	チョ	ショ	キョ		

　この表では「オ・ヲ、ジ・ヂ、ズ・ヅ、ジャ・ヂャ、ジュ・ヂュ、ジョ・ヂョ」はそれぞれ同音なので、それを除いた（清音の直音：44・拗音：21、濁音の直音：18・拗音：9、半濁音の直音：5・拗音：3）の100種類の日本語の発音の単位である拍があり、それら文字が示す音が日本語の発音の基本になります。

　ただし現代ではさらに「シェ、ティ、ファ」などの外来語音の拍があり、それらを含んだ表はこの章の最後に触れます。さらに「撥音（ン）」、「促音（ッ）」、「引く音・長音（ー）」の拍があります。これらは第10章で扱います。

　以下、行ごとにそれぞれの仮名の示す音を見ていきます。ア行は母音のみ、カ行以降は基本的に子音にそれぞれの段に対応するア行の仮名の母音が組み合わさっています。詳細は各行の説明で触れますが、以下の表にマ行までの各行の清音のア段の子音を示します（ハ行の代わりにパ行を用いることについては「9.7 ハ行」参照）。これでわかるように、カ行以下の五十音図の順は調音点が奥から前になるように配置されています。

調音法	調音点		
	両唇	歯茎	軟口蓋
摩擦音		[s]（サ）	
破裂音	[p]（パ）	[t]（タ）	[k]（カ）
鼻音	[m]（マ）	[n]（ナ）	

　各行は基本的には同じ子音が用いられますが、次に来る母音が異なれば、その影響で調音に変化が起きます。個々の現象はそれぞれの行の説明で行います。ただし子音への母音の影響のうち、後続母音が「イ/i/」のときに起こる現象は、拗音を含めた日本語の発音を考える上で重要なので、このあと「口蓋化」という現象として説明しておきます。母音も前の子音の影響で調音に変化が起こります。これは「ア行」の発展としてまとめて説明します。

9.2　口蓋化（硬口蓋化）

　日本語の母音「イ/i/」は基本母音の「i」に近い前舌の狭母音であるため、前舌面が硬口蓋に盛り上がっています。そのため、その前にある子音は次の母音「イ/i/」を準備するため、その子音の調音に中舌面の硬口蓋に向かっての盛り上がりが加わります。この**調音に「前舌面の硬口蓋に向かっての盛り上がりが加わる」**ことを「硬口蓋化」といいます。硬口蓋化をIPAで表記する場合は［ʲ］という補助記号を子音に添えます。ただし多くの場合「口蓋化」で、この「硬口蓋化」を意味するのが通例になっているので、以下「口蓋化」と呼びます。

　それに対し、調音時に「後舌面が軟口蓋に向かっての盛り上がりが加わる」ことを「軟口蓋化」といいます。軟口蓋化をIPAで表記する場合は［ˠ］という補助記号を子音に添えます。英語の母音の後の音節末に現れる「ウ」のように聞こえる、いわゆる「暗いL（dark l）例：battle [bǽtlˠ]」にこの軟口蓋化が起こっています。なお、これは必ず「軟口蓋化」というので混同は起こりません。

　以下、日本語のイの段の子音における「口蓋化」について述べます。母音「イ」の前の子音は口蓋化されますが、その子音の調音点や調音法により、以下のようにその現れ方が異なります。詳細は各行の説明で触れますが、ここでは概観を述べます。

●1　両唇音の場合

　両唇音のように舌を調音に用いない子音では、前舌の硬口蓋への盛り上がりが加わり「口蓋化」が起こります。日本語では単独で子音のみで発音することはないですが、口蓋化していない破裂音は「[p]（プ）、[b]（ブ）」のように「ウ」の段の仮名のようなイメージを持つのに対して、口蓋化した「[pʲ]（ピ）、[bʲ]（ビ）」は「イ」の段の仮名のイメージを持ちます。

口蓋化の有無による調音の違い	口蓋化なし	口蓋化あり（イの段・拗音）	
両唇音（破裂音） 舌を調音に用いない場合、口蓋化した子音では、母音「イ」のように舌が硬口蓋に盛り上がっている。	[p] [b] 	[pʲ] [bʲ] 	口蓋化の記号 [ʲ] を子音に添える。

　なお両唇鼻音（[m]）や両唇摩擦音（[ɸ] [β]）が口蓋化した場合も同様に前舌の硬口蓋への盛り上がりが加わり、それぞれ口蓋化した音（[mʲ] [ɸʲ] [βʲ]）が現れます。

●2　歯茎音の場合

　歯茎音が口蓋化すると、調音に硬口蓋に向けた舌の盛り上がりが加わるため、調音の領域が歯茎のみではなく硬口蓋に向かって著しく拡大し硬口蓋の前部にまで及びます。そのため口蓋化した歯茎摩擦音（[sʲ] [zʲ]）の狭めや、口蓋化した破裂音（[tʲ] [dʲ]）、口蓋化した鼻音（[nʲ]）の閉鎖の領域は歯茎のみではなく硬口蓋に向かって著しく拡大して、硬口蓋の前部にまで及びます。

　ただし日本語ではこれらの口蓋化した歯茎音ではなく、概略「シ、ジ（ヂ）」では歯茎硬口蓋摩擦音（[ɕ] [ʑ]）、「ニ」では歯茎硬口蓋鼻音（[ɲ]）、「チ・ヂ（＝ジ）」では調音法が破擦音に変わっていますが、歯茎硬口蓋破擦音（[tɕ] [dʑ]）になるように、調音点が硬口蓋の前部の歯茎硬口蓋にずれた音が現れています。詳細はそれぞれの行で扱います。

●3　軟口蓋音の場合

　軟口蓋音は口蓋化で硬口蓋に向けた舌の盛り上がりが加わるため、調音点は硬口蓋寄り、つまり前寄りに移動し閉鎖領域も拡大します。この場合は「舌が前寄りにずれている」ことを表す補助記号 [̟] を添えた [k̟] [ɡ̟] と表すのが適当ですが簡略に [kʲ] [ɡʲ] の表記が用いられることが多いです。口蓋化での調音点のずれが大きい場合は硬口蓋破裂音（[c] [ɟ]）に近い音が現れます。

口蓋化の有無による調音の違い	口蓋化なし	口蓋化あり （イの段・拗音）	
軟口蓋破裂音 口蓋化した子音では、舌が硬口蓋に向けてずれ、軟口蓋の前寄り（時にはほぼ硬口蓋）になる。 ★鼻音、摩擦音も同様	[k] [g]	[kʲ] [gʲ] （[k̠] [g̠]）	舌が前に移動しているので [k̠] [g̠] が正式の表記だが、口蓋化として簡略に [kʲ] [gʲ] で表記することが多い。

　軟口蓋鼻音（[ŋ]）や軟口蓋摩擦音（[x] [ɣ]）も同様の調音点のずれと調音領域の拡大が起こり、口蓋化した音（[ŋʲ] [xʲ] [ɣʲ]）が現れます。これらの音も口蓋化が強く現れた場合はそれぞれの調音法の硬口蓋音に近くなります。

参考

　口蓋化した子音と口蓋化していない子音の対応は、ポーランド語、ロシア語、朝鮮語、日本語といったユーラシア大陸諸言語に共通の特徴の一つで、ヤコブソンは「ユーラシア言語同盟」を形成すると提唱しています。（Якобсон, Р., К характеристике евразийского языкового союза «Selected Writings» I, The Hague, Paris 1971, 144-201）

　なお調音点のずれを口蓋化として扱うかを含め、音韻論的にどう扱うかは日本以外の研究においてはその研究者の母語の影響を受け、さまざまな解釈が見られるとの指摘があります。（Рыбин, И. И., Фонетика Японского языка, Санкт-Петербург ГИПЕРИОН 2012, 147）

9.3　ア行（日本語の母音）　　sound 09

　ア行は五つの母音で構成されています。基本的にこの五つの母音が他の行でも使われるので、以下のア行の説明の際に日本語の母音の説明をします。まずは日本語の母音を概観します。

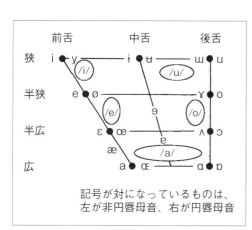

記号が対になっているものは、
左が非円唇母音、右が円唇母音

　どの言語の母音の舌の位置も母音の発音の限界を示す基本母音の台形の形の中に入ります。共通語の日本語で母音を発音した場合の舌の位置を大まかに示したものが左の図です。位置が点ではなく範囲で示されているのは、同じ言語の話者同士でも、個々人の発音においてもある程度ばらつきがあり、さらに前後の音の影響で母音の調音は変化を受けるからです。中でも「ア/a/」と「ウ/u/」は音環境の影響で音が変わります。このことの詳細は発展で述べます。

　日本語ではこの五つの母音を音素として区別して使っているので、母音を簡略に表記するのはこの五つを区別すればいいことになります。

　舌の高さは日本語では3段階で区別するので、高い順に「高・中・低（狭・中・広）」と考えるのが適切です。舌の前後位置では「ア」は単独の発音では中舌付近ですが、前の子音によって前舌から後舌まで広く分布します。それでもいずれも「ア/a/」という一つの音です。ですから舌の前後位置を指定してしまうと、それでなければいけないことになるので、ここでは舌の前後位置は指定しません。ただし日本語の音に関するさまざまな現象を説明する音韻論的な観点からは「後舌」とみなすのが一般的です。

　唇の丸めに関しては「ウ/u/」は共通語では非円唇なので「オ/o/」のみが円唇母音です。以上のことを考慮して、母音は以下のように簡略に表記することができます。また下のように母音三角形としても表記されます。

ア	/a/	[a]	非円唇		低母音
イ	/i/	[i]	非円唇	前舌	高母音
ウ	/u/	[ɯ]	非円唇	後舌	高母音
エ	/e/	[e]	非円唇	前舌	中母音
オ	/o/	[o]	円唇	後舌	中母音

　ここでは基本母音と同じ記号が使われています。これは第7章（音声表記）で述べたように音素表記に基づいていますが、学習上必要な異音などを表記した簡略表記としての音声表記です。ですから指す音は基本母音とは異なることに注意しておきましょう。以下の五十音図の説明でも基本的にはこの簡略な記号を用いて母音を表記します。

　なお通常の母音は鼻腔への通路を塞いで発音する口音ですが、鼻腔への通路を開けた鼻母音の発音も見られます。これは喉の炎症などで鼻腔への通路を塞げないときの「鼻声」としても現れますが、「声のトーンを上げたやや濁声気味の鼻声」といわれる列車の車内放送などにも見られます。また日常の発話でも「ご声援（ゴセーエン）ありがとうございます」が「五千円…」に聞こえるなどの鼻音化が起こっています。なお撥音「ン」の異音としての鼻母音や、撥音の前の母音の鼻音化は第10章（特殊音素）で説明します。

　日本語では基本的に円唇性の有無は意味の区別に関与しないので、すねて口をとがらして「何いってんだよお！」などと言った場合は、「オ/o/」以外の「イ」や「エ」などにも円唇化した母音も見られますが、非円唇の音で発音した場合と同じ音として扱われます。

　次に個々の母音の音の詳細に関して 発展 として観察します。

発展

　以下、さまざまな先行研究をもとに整理したそれぞれの母音音素の異音を挙げます。母音をある程度詳しく記述するためには補助記号で舌の位置を表す必要があるので、その記号の説明も添えておきます。

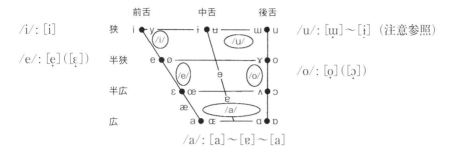

/i/: [i]

/e/: [e̞]（[ɛ̝]）

/u/: [ɯ̈]〜[ï]（注意参照）

/o/: [o̞]（[ɔ̝]）

/a/: [a]〜[ɐ]〜[ɑ]

補助記号　開口度：[̞] 狭い　[̝] 広い　**舌の前後位置**：[̟] 前寄り　[ ] 後ろ寄り

注意：舌の位置が近い方の音声記号を用いるため/u/は、後舌より中舌に近い場合は厳密には［ï］と表記される。

　「イ/i/」は基本母音の非円唇前舌狭母音（[i]）に近い音です。ただしフランス語の/i/のように唇が積極的に左右に広がる「張唇」ではありません。

　「エ/e/」は非円唇前舌の半狭の基本母音（[e]）と半広の基本母音（[ɛ]）の中間の舌の高さの音[e̞]（もしくは[ɛ̝]）です。

　「オ/o/」は円唇半狭の基本母音（[o]）と半広の基本母音（[ɔ]）の中間の舌の高さの音[o̞]（もしくは[ɔ̝]）です。他の母音と異なる特徴として母音「オ/o/」は円唇母音とみなされますが、西洋語の/o/ほどは唇の突き出しは多くはありません。

　以上の三つの母音は単独で発音されても、先行する子音と結びついて拍を構成するときにも、それほど大きく音色の変化を受けません。

　それに対し母音「ア/a/」と「ウ/u/」は先行する音によって舌の前後位置が大きく変わります。

　母音「ア/a/」は単独で発音した場合、半広と広の中間の非円唇中舌の狭母音（[ɐ]）で発音されます。子音が先行した場合でも多くはこの音で発音されています。

　ただし硬口蓋接近音（[j]）が先行する「ヤ」や、口蓋化した子音が先行する「シャ」などの拗音の「ア」の段の場合は、舌の高さは同じですが、前舌に寄り基本母音の非円唇前舌広母音（[a]）に近い音で発音されます。口蓋化子音が後続する場合、さらにより前寄りになります。

　また軟口蓋接近音（[ɯ̯]）が前にある「ワ」では、舌の高さは同じですが、後舌に寄り基本母音の非円唇後舌広母音（[ɑ]）に近い音で発音されます。なお「青/ao/)」のように母音「オ/o/」が後に来る場合も同様に後舌寄りになります。

　母音「ウ/u/」は単独でも中舌寄りで、前に出た[ɯ]です。ただし、前の子音が「ス、ツ、ズ（ヅ）」のような歯茎音の場合や拗音の「シュ」などの「ウ」の段のような口蓋化した子音の場合は舌の盛り上がりの位置がさらに前にずれて中舌化し中舌寄りの［ï］になります。なお中舌化した「ウ/u/」は［ɯ̈］や［ʉ］での表記も多く見られます。

　母音の音の詳細はそれぞれの行を扱うときにも必要に応じて説明します。

9.4　カ行・ガ行 🎧 sound 10

　カ行の子音は無声軟口蓋破裂音 [k] です。母音「イ/i/」が後続する「キ」では、子音は口蓋化されて調音点が前（硬口蓋）寄りになり、舌の接触面積も大きくなります。この場合も舌の接触点

は軟口蓋の範囲にあるので精密には［k̠］ですが通常は［k］の表記が用いられます。ただしイの段の口蓋化した子音は拗音を考える上で重要なので口蓋化を示すため簡略に［kʲ］で表記します。なお後舌の母音「ウ/u/」や［オ/o/］が後続した「ク」や特に「コ」では調音点は奥に寄り精密には［k̠］のようになっています。

　　語頭のガ行の子音はカ行の子音に声帯振動が加わった有声軟口蓋破裂音［g］です。ただし語中ではそれ以外に「鼻濁音（ガ行鼻音）」といわれる同じ調音点の鼻音の「**有声軟口蓋鼻音［ŋ］」で発音されることもあります**。この「ガ行鼻音（鼻濁音）」についての詳細は第11章で扱います。

　さらに「鼻濁音（ガ行鼻音）」にならない場合は母音に挟まれた**語中では軟口蓋での閉鎖が不完**全になり、「**有声軟口蓋摩擦音［ɣ］」で発音されている**ことが多く見られます。いずれの場合も母音「イ/i/」が後続する「ギ」では口蓋化されて調音点が硬口蓋寄りになり、舌の接触面積も大きくなります。カ行と同様に［gʲ］［ŋʲ］［ɣʲ］で簡略に表記しておきますます。後舌母音が後続した場合も同様に調点は奥に寄ります。

					カ	キ	ク	ケ	コ
カ行	［k］	無声	軟口蓋	破裂音	［ka	kʲi	kɯ	ke	ko］
					ガ	ギ	グ	ゲ	ゴ
ガ行	［g］	有声	軟口蓋	破裂音	［ga	gʲi	gɯ	ge	go］	（語頭・語中）
	［ŋ］	有声	軟口蓋	鼻音	［ŋa	ŋʲi	ŋɯ	ŋe	ŋo］	（語中）
	［ɣ］	有声	軟口蓋	摩擦音	［ɣa	ɣʲi	ɣɯ	ɣe	ɣo］	（語中）

　日本語では、意味の区別に関与しない違いなので、簡略な音声表記では省略しますが、無声の破裂音はポーズの後である語頭では気息を伴った「有気音（帯気音）」になっていることがしばしばあります。ただしそれが音の区別に関与している中国語・韓国語などに比べると気息はかなり弱い有気音です。それに対し母音に挟まれた語中では気息を伴わない「無気音」になっています。

　　語頭のカ行：カバ［kʰaba］　（弱い）有気音のことも多い。

　　語中のカ行：バカ［baka］　　無気音

9.4　確認問題

問題　（　　　　）の中に適切な語句を書き込んで、以下の説明文を完成させなさい。

　カ行の子音は（　　①　　）だが、母音「イ/i/」が後続する「キ」では子音は（　　②　　）されて調音点が前寄りになり、舌の接触面積も大きくなる。

　語頭のガ行の子音はカ行の子音に（　　③　　）が加わった（　　④　　）であるが、語中ではそれ以外に「（　　⑤　　）」といわれる同じ調音点の（　　⑥　　）で発音されることもある。また「（　　⑤　　）」にならない場合は母音に挟まれているため閉鎖が不完全になり「（　　⑦　　）」で発音されていることが多く見られる。

🎧 **9.4 聴解問題**

練習 1 `sound 11`
ガ行の子音が、有声軟口蓋鼻音（[ŋ]）で発音されているのは a、b どちらか答えてください。
1（　） 2（　） 3（　） 4（　） 5（　）

練習 2 `sound 12`
ガ行の子音が、有声軟口蓋鼻音（[ŋ]）で発音されている単語の番号をマークしてください。
1（　） 2（　） 3（　） 4（　） 5（　） 6（　） 7（　） 8（　） 9（　） 10（　）

練習 3 `sound 13`
ガ行の子音が、有声軟口蓋摩擦音（[ɣ]）で発音されているのは a、b どちらか答えてください。
1（　） 2（　） 3（　） 4（　） 5（　）

練習 4 `sound 14`
ガ行の子音が、有声軟口蓋摩擦音（[ɣ]）で発音されている単語の番号をマークしてください。
1（　） 2（　） 3（　） 4（　） 5（　） 6（　） 7（　） 8（　） 9（　） 10（　）

練習 5 `sound 15・16`
下線部のガ行音が、有声軟口蓋破裂音（[g]）、有声軟口蓋鼻音（[ŋ]）、有声軟口蓋摩擦音（[ɣ]）のうちのどの音で発音されているかを聞き取って音声記号で答えてください。

「あなたが杉を嗅ぐ日陰で仕事しているとき、反逆者の私は闘牛場で作業をさせられています。」

　　あなたガすギをかグひかゲでしゴとしているとき、
　　　　　1　　2　　3　　4　　5
　　はんギャくしゃのわたしはとうギューじょうでさギョーをさせられています。
　　　　　6　　　　　　　　7　　　　　8

1回目
　1 [　] 2 [　] 3 [　] 4 [　] 5 [　]
　6 [　] 7 [　] 8 [　]

2回目
　1 [　] 2 [　] 3 [　] 4 [　] 5 [　]
　6 [　] 7 [　] 8 [　]

■ 9.5　サ行・ザ行、タ行・ダ行 🎧 sound 17

　サスセソの子音には無声歯茎摩擦音［s］が現れています。歯茎といっても日本語では多くはかなり歯に近い歯との境目あたりで調音されていることが多いとされます。そのため英語などの歯茎音が持つ鋭い摩擦の音はありません。

　母音「イ/i/」が後続する「シ」では子音は口蓋化されますが、口蓋化された［sʲ］ではなく調音点が硬口蓋の前部にまでずれた無声歯茎硬口蓋摩擦音（［ɕ]）が現れます。

			サ	シ	ス	セ	ソ
サ行（サスセソ）［s］	無声歯茎摩擦音		[sa		sɯ	se	so]
（シ） ［ɕ］	無声歯茎硬口蓋摩擦音	[		ɕi			]

　なおサ行の発音で、調音点が普通よりも前寄りで歯（歯間）になると英語のthinkのthのような「無声歯摩擦音［θ］」で発音されていることもあります。少し舌足らずに聞こえる印象ですが、このような発音をする人の「シ」の調音点は歯茎硬口蓋までずれず「スィ（［si]）」のように発音されていることもあります。なお「シ」は日本学習者などでは英語などの「無声後部歯茎摩擦音［ʃ］」に近い音で発音されていることもあり、この場合は唇の丸めを伴っていることがあります。

　タ行のうち「タ、テ、ト」の子音は無声歯茎破裂音［t］です。ドイツ語や英語などのゲルマン語の/t/の音の歯茎音と比べると日本語の/t/の音はフランス語、スペイン語などのロマンス語と同様にほぼ「歯」で発音されています。カ行と同様に無声破裂音なので語頭では弱い有気音［tʰ］になっていますが、意味の区別に関与しないため、このことは特に表記しません。

　「チ」と「ツ」の子音は、高知などの方言で無声歯茎破裂音［t］で「チ（［ti］：ティ）」「ツ（［tu］：トゥ）」のように発音されている場合もありますが、共通語の発音では破擦音で発音されます。「ツ」は無声歯茎破擦音（［ts]）で、母音「イ/i/」が後続する「チ」では調音点が硬口蓋の前部にまでずれた無声歯茎硬口蓋破擦音（［tɕ]）で発音されています。日本語学習者には英語のchにあたる無声後部歯茎破擦音（［tʃ]）が見られることもありますが、大きな音色の違いはあまりありません。

				タ	チ	ツ	テ	ト
タ行（タテト）［t］	無声	歯茎	破裂音	[ta			te	to]
チ （チ） ［tɕ］	無声	歯茎硬口蓋	破擦音	[	tɕi			]
ツ （ツ） ［ts］	無声	歯茎	破擦音	[		tsɯ		]

　ザ行もダ行も、ガ行と同様に、基本的に調音点や調音法が同じで、無声音である清音が有声音になった音です。ただし注意しなければならないのは、「ジ・ヂ」「ズ・ヅ」が共通語では同じ音になっていることです。そのため、ここではとりあえず（仮）としています。

					ザ	ジ	ズ	ゼ	ゾ	
ザ行（ザズゼゾ）	[z]	有声	歯茎	摩擦音	[za		zɯ	ze	zo]	（仮）
（ジ）	[ʑ]	有声	歯茎硬口蓋	摩擦音	[	ʑi			]	（仮）

					ダ	ヂ	ヅ	デ	ド	
ダ行（ダデド）	[d]	有声	歯茎	破裂音	[da			de	do]	
（ヂ）	[dʑ]	有声	歯茎硬口蓋	破擦音	[	dʑi			]	（仮）
（ヅ）	[dz]	有声	歯茎	破擦音	[		dzɯ		]	（仮）

　ダ行は前述の高知などの方言で「チ（[ti]：ティ）」「ツ（[tu]：トゥ）」のように発音されている場合、濁音は「ヂ（[di]：ディ：）」「ヅ（[du]：ドゥ）」のように発音され「ジ、ズ、ヂ、ズ」の「四つ仮名」の発音がすべて異なる「四つ仮名弁」になっています。ちなみに東北の一部の/i/と/u/がともに中舌化した [ï] になる方言ではこれらすべてが「ズィ [zï]」のような一つの音になる「一つ仮名弁（ズーズー弁）」になります。共通語は「ジ・ヂ」と「ヅ・ズ」の区別があるだけの「二つ仮名弁」です。

　以下共通語の「ジ・ヂ」「ズ・ヅ」について整理していきます。

　それぞれの囲みの中は共通語では同じ音と認識されます。表記によって発音を仕分けているわけではないので、母音を除いて考えると子音 [ʑ] と [dʑ] は「ジ・ヂ」に、[z] と [dz] は「ズ・ヅ」にそれぞれ区別なく使われていることになります。[z] は「ザゼゾ」の子音としても使われていますが、これらの場合も「ズ」同様に [dz] で発音しても [z] で発音しても区別できません。このことを考えると「ダ（[da]）、デ（[de]）、ド（[do]）」を除き、以下のように整理できます。

	ザ	ジ（ヂ）	ズ（ヅ）	ゼ	ゾ
摩擦音／破擦音	[za/dza	zi/dʑi	zɯ/dzɯ	ze/dze	zo/dzo]

　同じ音として使われるので、摩擦音か破擦音かのどちらかを意識せずに発音しているのですが、以下のような傾向が観察されます。

　語中で母音に挟まれた環境では基本的に摩擦音が現れます。これは破裂音のガ行音が語中で閉鎖が弱まって摩擦音になったのと同様で、破擦音の閉鎖が作られないためです。ただし語中でも「銀座（ギンザ [gʲindza]）」のようにザ行の前が母音ではなく鼻音である撥音「ン」の場合は鼻音における口腔内の閉鎖の開放を伴うので破擦音になります。また基本的に外来語ですが「エッジ（[eddʑi]）」のように前が促音「ッ」の場合も促音における口腔内の閉鎖の開放を伴うので破擦音になります。それに対して語頭すなわちポーズのあとでは個人差が大きく、摩擦音の発音も観察で

きますが、基本的には破擦音の発音が多く見られます。そのためロシア文字で日本語を表記するとき、ザ行の子音はз［z］ではなくдз［dz］で表記されます。

　ですから「ザ行の子音（「ジ・ヅ」を含む）の子音は「撥音（ン）、促音（ッ）の直後以外の語中（母音間）では基本的に摩擦音で発音され、撥音（ン）、促音（ッ）の直後および語頭（ポーズのあと）では破擦音の発音が多い」という傾向があることになります。まとめると以下になります。なお「ヂ・ズ」はダ行ですが「ジ・ズ」と発音が同じなのでザ行と一緒に扱います。

	「ン・ッ」の直後以外の語中	「ン・ッ」の直後と語頭
ザ行（ザズ・ヅゼゾ）［z］	有声　歯茎　摩擦音	［dz］　有声　歯茎　破擦音
（ジ・ヂ）　　　　　［z］	有声　歯茎硬口蓋　摩擦音	［dʑ］　有声　歯茎硬口蓋　破擦音

　　　　　　　　　ザ　ジ・ヂ　ズ（ヅ）　ゼ　ゾ
摩擦音［za　ʑi　　zɯ　　ze　zo］撥音（ン）、促音（ッ）の直後以外の語中（母音間）
破擦音［dza　dʑi　　dzɯ　　dze　dzo］撥音（ン）、促音（ッ）の直後および語頭（ポーズのあと）

　サ行を無声歯摩擦音に近い音で発音する人には英語の that の th のような有声歯摩擦音（［ð］）での発音も観察されます。また、日本語学習者などを含め、西洋語に多い、少しこもったような有声後部歯茎摩擦音（［ʒ］）や有声後部歯茎破擦音［dʒ］での発音が見られることもあります。

　なお表記で「じ・ぢ」と「ず／づ」のそれぞれどちらを使うかは「現代仮名遣い」の規則で決まっています。これは同じ音に複数の表記があり得るための統一上の表記の決まりです。どちらで書かれてもそれぞれ発音上は同じ音であることに注意しておきましょう。

9.5　確認問題

問題　（　　　）の中に適切な語句を書き込んで、以下の説明文を完成させなさい。

　「サ、シ、ス、セ」の子音は基本的には（　①　）だが母音「イ/i/」が後続する「シ」では子音は（　②　）の影響で調音点が（　③　）の前部にまでずれた（　④　）になる。

　　タ行のうち「タ、テ、ト」の子音は（　⑤　）だが、「チ」と「ツ」の子音は共通語の発音では調音法が（　⑥　）で発音されている。「ツ」は（　⑦　）、母音「イ/i/」が後続する「チ」では（　②　）で（　⑧　）で発音されている。

　「ダ、デ、ド」の子音は「タ、テ、ト」の子音に（　⑨　）が加わった（　⑩　）である。ただし発音上は「ジ・ヂ」「ズ・ヅ」はそれぞれ同じ音なので、それらを含んだザ行の子音の子音は有声音で調音点は対応する清音と同じであるが、調音法は（　⑪　）では基本的に摩擦音、（　⑫　）では破擦音の発音が多い。

　　そのため「ザズ（ヅ）ゼゾ」の子音は（　⑪　）では（　⑬　）、（　⑫　）では（　⑭　）、「ジ（ヂ）」の子音は（　⑪　）では（　⑮　）、（　⑫　）では（　⑯　）で発音されている。

9.5 聴解問題

練習1 `sound 18`

サ行の子音が、無声歯摩擦音（[θ]）で発音されているのはa、bどちらか答えてください。

1（ ） 2（ ） 3（ ） 4（ ） 5（ ）

練習2 `sound 19`

ザ行の子音が、有声摩擦音（[z] / [z]）で発音されているのはa、bどちらか答えてください。

1（ ） 2（ ） 3（ ） 4（ ） 5（ ）

練習3 `sound 20`

ザ行の子音が、有声摩擦音（[z] / [z]）で発音されている単語の番号をマークしてください。

1（ ） 2（ ） 3（ ） 4（ ） 5（ ） 6（ ） 7（ ） 8（ ） 9（ ） 10（ ）

練習4 `sound 21`

ザ行の子音が、有声破擦音（[ʣ] / [ʣ]）で発音されているのはa、bどちらか答えてください。

1（ ） 2（ ） 3（ ） 4（ ） 5（ ）

練習5 `sound 22`

ザ行の子音が、有声破擦音（[ʣ] / [ʣ]）で発音されている単語の番号をマークしてください。

1（ ） 2（ ） 3（ ） 4（ ） 5（ ） 6（ ） 7（ ） 8（ ） 9（ ） 10（ ）

9.6 ナ行 `sound 23`

「ナ、ヌ、ネ、ノ」行の子音には有声歯茎鼻音 [n] が現れます。歯茎といっても日本語ではかなり歯に近く、歯との境目か歯で調音されていることが多いとされます。

母音「イ/i/」が後続する「ニ」では子音は口蓋化されますが、口蓋化された [nʲ] ではなく**調音点が奥の硬口蓋にずれて有声歯茎硬口蓋鼻音（[ɲ̟]）で発音されている場合が一般的**です。ただし口蓋化による舌の後退が大きい有声硬口蓋鼻音（[ɲ]）での発音も見られます。この違いは個人差によるものが大きく、どちらの可能性もあることを含めて「ニ」の子音を有声歯茎硬口蓋鼻音として音声記号では（[ɲ̟]）で表します。

		ナ	ニ	ヌ	ネ	ノ
ナ行 [n] 有声歯茎鼻音	[na		nɯ	ne	no]	
[ɲ̟] 有声歯茎硬口蓋鼻音	[	ɲ̟i			]（※調音点は硬口蓋の場合もある）	

9.6　確認問題

問題　（　　　　）の中に適切な語句を書き込んで、以下の説明文を完成させなさい。

　　ナ行の子音は基本的には（　　①　　）だが、母音「イ/i/」が後続する「ニ」では子音は
（　　②　　）され調音点が口の奥にずれて（　　③　　）で発音されている。

9.7　ハ行　🦻 sound 24

　他の行では清音・濁音の対立が基本的に無声音・有声音の対立になっていますが、ハ行では例外的にこの対立が成り立ちません。無声と有声で対をなすのは、半濁音のパ行と濁音のバ行です。

カ行／ガ行

{ 清音　カ行　[k]：無声　軟口蓋　破裂音
{ 濁音　ガ行　[g]：有声　軟口蓋　破裂音

サ行／ザ行　（☆：歯茎／歯茎硬口蓋）

{ 清音　サ行　[s/ɕ]：無声　（☆）摩擦音
{ 濁音　ザ行　[z/ʑ]：有声　（☆）摩擦音（破擦音も）

タテ／ダデド

{ 清音　タテト　[t]：無声　歯茎　破裂音
{ 濁音　ダデド　[d]：有声　歯茎　破裂音

パ行／バ行

{ 半濁音　パ行　[p]：無声　両唇　破裂音
{ 濁音　バ行　[b]：有声　両唇　破裂音

　このことにはハ行音の歴史的変化が関わっているので、以下で簡略に紹介しておきます。奈良時代以前のハ行の子音は現代の半濁音パ行の子音の無声両唇破裂音 [p] だったと推定されています。ですからその時は他の行と同様にハ行はバ行の有声両唇破裂音（[b]）と声帯振動のみの違いであったことになります。それ以降、両唇音が息の妨害が弱くなるように変化する「唇音退化」が起こり、室町時代ごろまでは、唇での閉鎖が緩んで狭めとなり無声両唇摩擦音（[Φ]）で発音されていました。その後、語頭のハ行音は唇の接近さえなくなり息の音である無声声門摩擦音（[h]）になって現在にいたっています。ただし現在でも方言にはハ行の [p] や [Φ] での発音が残っています。

　　ハ行の子音の歴史的変化　語頭：唇音退化（両唇：閉鎖→狭め→開放）

　　古代以前　[p]　無声　両唇　破裂音　（現代では「パ行」の子音）
　　中世まで　[Φ]　無声　両唇　摩擦音　（現代では「フ」の子音）
　　近代　　　[h]　無声　声門　摩擦音　（現代では「ハヘホ」の子音）

　なお語中のハ行音は母音の間なので有声化して摩擦性を失い「ワ行音（[w/ɰ]）」と混同した「ハ行転呼音」になりました。ただしこの語中での変化は現代仮名遣いでは発音にあわせて書き換えたので、固有名詞などを別にすれば古い表記のままの助詞の「は（発音はワ）」と「へ（発音はエ）」のみハ行をワ行で読む痕跡が残っているだけです。以下現代の共通語のハ行について説明します。

　「ハ・ヘ・ホ」の子音は無声声門摩擦音（[h]）です。いわゆる息の音で摩擦の聞こえが大変小さいので、摩擦を強くしようとすると軟口蓋に狭めができて摩擦が起きる無声軟口蓋摩擦音（[x]）になることもあります。また語中で母音に挟まれている場合には声帯振動が加わり有声声門摩擦音（[ɦ]）になることがあります。多少なりとも有声化された「ゴハン（[gohaɴ]）」が「ゴアン（[goɦaɴ]）」のように聞こえる発音は日常的にしばしば見られます。

　「ヒ」の子音は無声硬口蓋摩擦音（[ç]）です。これは後続する非円唇前舌狭母音「イ/i/」が硬口蓋に中舌が持ち上げられているため、そこで呼気が妨害されるためです。これも口蓋化の現れ方の一つと考えられます。

　「ハヒフヘホ」と発音すると「フ」のみ唇が積極的に近づくのがわかるように**「フ」の子音は無声両唇摩擦音 [Φ]** です。母音「ウ/u/」は非円唇とはいっても上下の唇はかなり接近するので、この段だけ古いハ行音が残りやすかったとも考えられています。口の開き方によっては狭めが上歯が下唇に軽く触れような狭めになり無声唇歯摩擦音（[f]）のような調音になることがありますが、意図的に上歯と下唇との間に狭めを作る英語などの f に比べると大変摩擦が弱い音です。

					ハ	ヒ	フ	ヘ	ホ
ハヘホ	[h]	無声	声門	摩擦音	[ha			he	ho]
ヒ	[ç]	無声	硬口蓋	摩擦音	[	çi			]
フ	[Φ]	無声	両唇	摩擦音	[		Φɯ		]

　なおハ行の子音はすべて続く母音と同じ口の構えで声帯振動がなくなり息だけ出ている状態とみなすことができます。つまり「ハ」なら最初から「母音ア/a/」の舌の位置でそのまま声帯振動のない息だけを出した後に声帯振動を加えて母音が聞こえるということです。母音に無声化を示す補助記号［ ̥］を添えて示せば「ハヒフヘホ」は ［ḁa i̥i ɯ̥ɯ e̥e o̥o］のようになり、呼気の通り道である声道全体の摩擦音のように捉えることもできます。

9.7　確認問題

　問題　（　　　）の中に適切な語句を書き込んで、以下の説明文を完成させなさい。

　「ハ・ヘ・ホ」の子音はいわゆる息の音で（　①　）である。それに対して「ヒ」の子音は後続する「イ/i/」が非円唇（　②　）狭母音なので（　③　）に中舌が持ち上げられているため、そこで呼気が妨害され（　④　）になっている。「フ」の発音では唇が積極的に近づき（　⑤　）になっている。

 9.7　聴解問題

練習1　sound 25
ハ行の子音が、無声軟口蓋摩擦音（[x]）で発音されているのは a、b どちらか答えてください。
1（　）　2（　）　3（　）　4（　）　5（　）

練習2　`sound 26`

ハ行の子音が、有声声門摩擦音（[ɦ]）で発音されているのはa、bどちらか答えてください。
1（　）　2（　）　3（　）　4（　）　5（　）

練習3　`sound 27`

フの子音が、無声唇歯摩擦音（[f]）で発音されているのはa、bどちらか答えてください。
1（　）　2（　）　3（　）　4（　）　5（　）

9.8　パ行・バ行　`sound 28`

　パ行の子音は**無声両唇破裂音**（[p]）です。母音「イ/i/」が後続する「ピ」では子音は口蓋化されて両唇の閉鎖状態のときにすでに「母音/i/」の調音とほぼ同じように硬口蓋に舌が盛り上がっています。

　カ・タ行と同様に無声破裂音なので語頭では弱い有気音［pʰ］になっていますが、気息の有無は意味の区別に関与しないので特に表記しません。

　バ行の子音はパ行の子音に（声帯振動（声））が加わった**有声両唇破裂音**（[b]）です。母音「イ/i/」が後続する「ビ」が口蓋化するのはパ行と同じで硬口蓋に舌が盛り上がるからです。

　母音に挟まれた語中では「うぶ（[ɯβɯ]）」のように両唇の閉鎖が不完全になり、有声両唇摩擦音（[β]）で発音されていることが多く見られます。母音「イ/i/」が後続する「ビ」では同様に口蓋化されます。

					パ	ピ	プ	ペ	ポ
パ行	[p]	無声	両唇	破裂音	[pa	pʲi	pɯ	pe	po]

					バ	ビ	ブ	ベ	ボ
バ行	[b]	有声	両唇	破裂音	[ba	bʲi	bɯ	be	bo]（語頭・語中）
		有声	両唇	摩擦音	[βa	βʲi	βɯ	βe	βo]（語中）

9.8　確認問題

問題（　　　）の中に適切な語句を書き込んで、以下の説明文を完成させなさい。

　パ行の子音は（　①　）で、バ行の子音はパ行の子音に（　②　）が加わった（　③　）である。母音「イ/i/」が後続する「ピ・ビ」では子音は（　④　）されて両唇の閉鎖状態のときにすでに「母音/i/」の調音とほぼ同じように（　⑤　）に舌が盛り上がっている。

　パ行の子音は語頭では気息を伴った（　⑥　）になっていることが多い。バ行の子音は調音点での閉鎖が不完全になり（　⑦　）で発音されていることが多く見られる。

9.8 聴解問題

練習1 `sound 29`

バ行の子音が、有声両唇摩擦音［β］で発音されているのはa、bどちらか答えてください。

1（　）2（　）3（　）4（　）5（　）

練習2 `sound 30`

バ行の子音が、有声両唇摩擦音［β］で発音されている単語の番号をマークしてください。

1（　）2（　）3（　）4（　）5（　）6（　）7（　）8（　）9（　）10（　）

9.9 マ行 `sound 31`

　マ行の子音は**有声両唇鼻音**（［m］）です。母音「イ/i/」が後続する「ミ」では、子音は口蓋化されて両唇の閉鎖状態のときにすでに「母音/i/」の調音とほぼ同じように、硬口蓋に舌が盛り上がっています。日常の発音では両唇の閉鎖が緩んで上歯が下唇に乗っているだけの**有声唇歯鼻音**（［ɱ］）も観察されます。

		マ	ミ	ム	メ	モ
マ行　［m］　有声両唇鼻音		［ma	mʲi	mu	me	mo］

　マ行の子音は鼻腔への通路を開けている点だけがバ行の子音と違っているので、「寂しい（サミシイ・サビシイ）」、「瞑る（ツムル・ツブル）」のように同じ語の発音のヴァリエーションとして交替することがあります。

> **9.9 確認問題**
>
> **問題**（　　　　）の中に適切な語句を書き込んで、以下の説明文を完成させなさい。
>
> 　マ行の子音は（　　①　　）で、母音「イ/i/」が後続する「ミ」では子音は（　　②　　）されて（　　③　　）に舌が盛り上がっている。

9.10 ラ行 `sound 32`

　ラ行の子音は母音間の語中で最も一般的なものは、前の母音から次の母音に移る途中で舌先の裏が歯茎に瞬間的に触れてはじくように作る**有声歯茎はじき音**（［ɾ］）です。母音「イ/i/」が後続する「リ」では子音は口蓋化され前舌は硬口蓋に盛り上がりますが、舌先が瞬間的に接触する位置はほぼ歯茎のままなので口蓋化された**有声歯茎はじき音**（［ɾʲ］）になります。

　それに対して前に音がない語頭では、はじく準備の反った舌の接触から音が始まります。その場

合は反った舌の裏が後部歯茎で閉鎖を作る閉鎖の弱い有声そり舌破裂音（[ɖ]）になっていると考えることもあります。ただし簡略化して、これもはじき音の調音の語頭での現れ方と考えて音声環境にかかわらず有声歯茎はじき音として表記します。

ラ　　リ　　ル　　　レ　　ロ

ラ行　[ɾ]　有声歯茎はじき音　[ɾa　ɾʲi　ɾɯ　ɾe　ɾo]

　それ以外にも特に語頭で英語などのlの音である有声歯茎側面接近音（[l]）に準じた音が発音されている場合もあります。この音は語中でも撥音「ン」が先行する場合にも見られます。この場合の撥音は有声歯茎鼻音（[n]）で舌が歯茎で閉鎖を作っており、そのままはじくと有声歯茎破裂音（[d]）のように聞こえるので有声歯茎側面接近音（[l]）に近い音で発音されています。

　また、それ以外に、いわゆる「べらんめえ口調」に現れる「巻き舌」の有声歯茎ふるえ音（[r]）も観察されます。はじくのが2回以上になればふるえ音と見なされるので日常会話でも口調や話す速さなどにより発音されていることが多い音です。また歌唱において効果的にこの音を用いる場合もあります。いずれの場合も「リ」では口蓋化が起こっています。

　なおラ行の異音に関しては、さまざまな音の記述が見られます。例えば『国際音声記号ガイドブック』の「IPAの使用例」の日本語では、表記には「有声そり舌はじき音（/ɽ/）」の記号が用いられ異音の詳細な説明があります。他書では「歯（またはそり舌）側面はじき音」も使われるなどの記述もあります。詳細は専門書に譲りますが、各自観察してみてください。

9.10　確認問題

　問題　（　　　）の中に適切な語句を書き込んで、以下の説明文を完成させなさい。

　ラ行の子音は（　①　　）で、母音「イ/i/」が後続する「リ」では子音は（　②　）された（　③　）になります。ただし実際の発音では英語のlのような（　④　）や巻き舌の（　⑤　）が使われていることもあります。

 9.10　聴解問題

練習1 `sound 33`

ラ行の子音が、有声歯茎ふるえ音（[r]）で発音されているのはa、bどちらか答えてください。

1（　）　2（　）　3（　）　4（　）　5（　）

練習2 `sound 34`

ラ行の子音が、有声歯茎側面接近音（[l]）で発音されているのはa、bどちらか答えてください。

1（　）　2（　）　3（　）　4（　）　5（　）

9.11　ヤ行・ワ行 🎧 sound 35

　ヤ行の子音は有声硬口蓋接近音（［j］）です。この音は接近音の中でも非円唇前舌狭母音（［i］）と同じ舌の位置で調音され「半母音」として扱われる音です。母音とは異なり舌の位置は持続しないですぐに次の母音に移っていき母音のように音節を作らないので子音として扱われます。

ヤ　　ユ　　ヨ

　ヤ行　［j］　有声硬口蓋接近音（半母音）［ja　　jɯ　　jo］

　共通語のワ行の子音は**有声軟口蓋接近音**（［ɰ］）です。この音は接近音の中でも非円唇後舌狭母音（［ɯ］）と同じ舌の位置で調音され「半母音」として扱われる音です。これに対し英語などのwは円唇後舌狭母音（［u］）と同じ舌の位置で調音され、有声両唇軟口蓋接近音（半母音）（［w］）です。対応する母音が円唇母音なので調音に両唇が加わった二重調音になっています。日本語でももともと母音が円唇性を持つ西の方言ではワの子音も弱い円唇性を持つとされます。この円唇性を持つ「ワ」は、すねたように口をとがらせた発音のときや、母音「ウ/u/」が円唇の母語を持つ多くの学習者の発音などで観察されます。

ワ

　ワ行　［ɰ］　有声軟口蓋接近音（半母音）［ɰa］

　なお日本語の「ワ」の音声表記において本書は［ɰ］を用いますが、この記号は一般にはまだあまり用いられておらず、多くの場合は音素表記（/w/）に準じた［w］の記号が使われています。その場合でも日本語の場合は唇の丸めのない「有声軟口蓋接近音（半母音）」を表しています。

　また調音法として「接近音」と平行して「半母音」も多く用いられているので併記します。

9.11　確認問題

　問題　（　　　）の中に適切な語句を書き込んで、以下の説明文を完成させなさい。

　　ヤ行の子音は（　　①　　）で非円唇（　　②　　）と同じ舌の位置で調音され「半母音」として扱われる。

　　共通語のワの子音は（　　③　　）で、非円唇（　　④　　）と同じ舌の位置で調音されやはり「半母音」として扱われる音である。これに対し英語などのwは円唇（　　⑤　　）と同じ舌の位置で調音される（　　⑥　　）で、③に唇の丸めが加わり調音点が2カ所の（　　⑦　　）になっている。

🎧 **9.11　聴解問題**

練習1　sound 36

ワの子音が有声両唇軟口蓋接近音［w］で発音されているのはa、bどちらか答えてください。

1（　）　2（　）　3（　）　4（　）　5（　）

9.12　拗音

　直音では口蓋化した子音は母音「イ［i］」の前にしか現れていませんが、この口蓋化した子音も母音「ア/a/、ウ/u/、オ/o/」と組み合わせて拍を構成することができます。これが拗音の拍になります。サ行の例で見てみましょう。

　直音のサ行の子音のうち口蓋化していない無声歯茎摩擦音（［s］）と異なり、「シ」の口蓋化した子音である無声歯茎硬口蓋摩擦音（［ɕ］）は母音「イ［i］」の前にしか現れていません。この口蓋化した子音も母音「ア/a/、ウ/u/、オ/o/」と組み合わせて拍を構成することができます。これで作られた拍がサ行の拗音になります。すなわち拗音は直音のイの段の口蓋化した子音が母音「ア/a/、ウ/u/、オ/o/」と組み合わされた拍ということです。なお拗音の表記は特別な文字は使わず、同じ子音を持つ「イ」の段の仮名文字に小書きの「ャュョ」を添えて表記されます。

サ行（/s/）　［s］　無声　歯茎　摩擦音	[sa	sɯ	se	so]
直音：［a］［ɯ］［e］［o］が後続する	サ	ス	セ	ソ
［ɕ］　無声　歯茎硬口蓋　摩擦音	[	ɕi		]
直音：［i］が後続する		シ		
	[ɕa	ɕɯ		ɕo]
拗音：［a］［ɯ］［o］が後続する	シャ	シュ		ショ

　他の行も同様です。パ行でも、イの段の口蓋化した子音が母音「ア/a/、ウ/u/、オ/o/」と組み合わせてできた拍が拗音になります。①でそれを示します。Aのように直音の音声表記に口蓋化の記号（［ʲ］）を用いている場合には拗音に、この①の表記が使われることが多く見られます。

　ただし破裂音なので口蓋化されほぼ母音［i］と同じ舌の位置を持つ状態から閉鎖が開放され次の母音の舌の位置に移ることになります。その場合は「ロシア［roɕia］」が「ロシヤ［roɕija］」と聞こえるようにわたりの音として有声硬口蓋接近音（半母音）［j］が現れます。そのため実際の発音は②のように、そのわたりの音が現れたものになります。

　なおBのように一般的に広く用いられている直音の表記に口蓋化の記号を用いない音素表記に近い表記では、拗音は音素表記（ピャ/pja/、ピュ/pju/、ピョ/pjo/）に準じて③のように表記されます。本書は直音でも口蓋化の記号を用いたAを用いており、拗音には②の表記を用います。これは実際の発音に近いことと、直音でも拗音でも口蓋化の記号を除けば一般的なBや③の表記に簡単に変換できるからです。

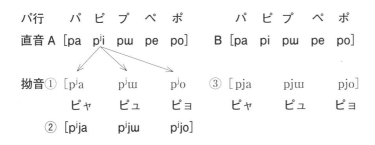

なお上記の現象や表記は、口蓋化で調音点がずれて別の音声記号で表記されない両唇音（[p]
[b] [m]）とはじき音（[ɾ]）に共通です。軟口蓋音（[k] [g] [ŋ]）も調音点がずれますが、「9.2
口蓋化」で述べたように簡略に口蓋化記号で表記するので同様になります

　各行の直音と拗音の音声記号での表記は「超拡大五十音図の音声表記（本章末）」で示します。
子音が口蓋化している直音のイの段は、同じ子音を持つ拗音と一緒に表記してあります。

　章末の表ではガ行の鼻濁音（ガ行鼻音）のみ掲載しましたが、直音の説明で挙げたガ行の有声軟
口蓋摩擦音（[ɣ]）などで発音された場合も同様です。

　なお母音の説明で述べましたが、母音「ア/a/」は単独で発音した場合や、ヤ行とワを除いた
直音では主に円唇中舌の狭母音（[ɐ]）で発音されていますが、有声硬口蓋接近音（[j]）が先行す
る「ヤ」と同様に口蓋化した子音が先行する「ア段の拗音」ではかなり前舌に寄り基本母音の非円
唇前舌広母音（[a]）で発音されています。

　また母音「ウ/u/」は単独でも中舌寄りで、前に出た [ɯ] ですが、前の子音が「ス、ツ、ズ
（ヅ）」のような歯茎音の場合や口蓋化した子音が先行する「ウ段拗音」ではさらに舌の盛り上がり
の位置が前にずれて中舌寄りの [ɨ] になっています。

9.12　確認問題

問題　（　　　　）の中に適切な語句を書き込んで、以下の説明文を完成させなさい。

　直音のイの段に現れる（　①　）した子音と母音（　②　）から作られる拍が拗音
です。拗音は仮名では同じ子音を持つ「イ」の段の仮名文字に小書きの「ャュョ」を添えて表
記されます。例えばサ行では「シ」の子音は（　③　）で拗音の「シャ、シュ、ショ」も
その子音が使われて音声表記すれば（　④　）になります。口蓋化で調音点がずれるザ
行、タ行、ナ行、ハ行も同様にイの段の子音が拗音に用いられます。

　それに対しパ行では拗音にはピ（　⑤　）の口蓋化された子音が用いられています。で
すから拗音の「ピャ、ピュ、ピョ」はそれを用いているので音声表記すれば（　⑥　）の
ようになります。ただし実際の発音では口蓋化された子音と母音の間にわたり音の
（　⑦　）が現れた（　⑧　）のような発音になっています。ただし広く用いられて
いる、ピ（　⑨　）のように口蓋化の記号を用いない表記では、拗音「ピャ、ピュ、ピ
ョ」は音素表記に準じて（　⑩　）のように表記されます。これはその他の軟口蓋音であ
るカ・ガ行の子音（　⑪　）、両唇音であるパ・バ・マ行の子音（　⑫　）とはじき
音のラ行の子音（　⑬　）に共通の拗音の表記です。

9.13　外来語音など（超拡大五十音図）

　外来語などでは今まで見てきた五十音図以外の拍が現れます。ただし新たに音が増えるのではな
く五十音図の中では現れなかった子音と母音の組み合わせが使われるのが基本です。サ行を例に見

ていきましょう。ここでは同じ子音を持つ音をまとめているので、「シ」は拗音と一緒になっています。この中には□で示した五十音図で現れない子音と母音の組み合わせがあります。そこにその組み合わせを作ると右のようになります。

サ行	サ		ス	セ	ソ		サ	スィ	ス	セ	ソ
[s]	[sa		sɯ	se	so]		[sa	si	sɯ	se	so]
[ɕ]	[ɕa	ɕi	ɕɯ		ɕo]		[ɕa	ɕi	ɕɯ	ɕe	ɕo]
	シャ	シ	シュ		ショ		シャ	シ	シュ	シェ	ショ

このうちいわゆる母音「エ/e/」を伴ういわゆるエの段の拗音は「シェーバー」など多くの外来語の発音に見られます。「イ」の前でも調音点がずれずに歯茎のままで発音する「スィ」は「ファンスィー」や「ギャラクスィー」のように原音を生かした外来語で現れます。これらの実際の発音についてはあとで述べます。

　なおこれらの拍の表記も拗音と同じ原理が働いています。拗音は、直音の「イ」の段と同じ口蓋化した子音が用いられているので、その子音を持つ大書きの「イの段の仮名文字」に母音を示す小書きの「ャュョ」を添えていました。外来語音なども同様で、以下のように基本的には**「大きく書かれた文字の子音」**＋**「小書きの母音」**になっています。

　　シェ＝　シ［ɕi］の子音　＋　ェ［e］　＝　［ɕe］
　　スィ＝　ス［s］の子音　＋　ィ［i］　＝　［si］

　基本的に新しい音が現れているのではないので、このような原則で新たな拍を五十音図の文字だけで表記することができるわけです。基本的に日本語では大きく書かれている文字が同じならそれらの拍の子音は基本的に同じということになります。

　以下これらの音を見ていきます。ただしカ、ガ、パ、バ、マ、ラ行においては、五十音図で現れない子音と母音の組み合わせをしても音声的な違いが目立たないこともあり、ほぼ用いられません。ナ行もまれです。ですから以下実際に用いられているのは、サ、ザ、タ、ダ、ハ行と、半母音のため表記が特殊になりますが、ヤ行とワ行を行ごとに観察します。その後、それ以外で現れる音に関して触れます。以下五十音図以外の音は□で囲んで示します。表記は外来語の表記基準に基づいたものを上げます。さらにその表記の場合に発音され得るその他の音についても説明します。

サ行	サ	スィ	ス	セ	ソ	シャ	シ	シュ	シェ	ショ
	[sa	si	sɯ	se	so]	[ɕa	ɕi	ɕɯ	ɕe	ɕo]

「シェ（［ɕe］）」は「シェパード」など多く見られます。

「スィ［si］」は「ファンスィー」などに見られます。子音は多少口蓋化して［sʲi］に近くなります。ただし表記では「スィ」と書かれても「ファンシー（［ɕiː］）」のような「シ（［ɕi］）」での発音も多く見られます。また「スィーツ」などに見られるように発音は「スイーツ（［sɯiːtsɯ］）」であ

ったり、「ス」の母音［ɯ］が半母音化して合拗音（93ページ参照）のような「スゥイーツ」
［sɰiːtsɯ］であったりすることもあります。

ザ行　ザ　ズィ　ズ　ゼ　ゾ　　ジャ　ジ　　ジュ　ジェ　ジョ

摩擦音［za　zi　zɯ　ze　zo］　　［za　zi　zɯ　ze　zo］

破擦音［dza　dʑi　dzɯ　dze　dzo］　［dʑa　dʑi　dʑɯ　dʑe　dʑo］

※「ヂヅ、ヂャヂュヂェヂョ」は「ジズ、ジャジュジェジョ」と同音なので省略します。
　「ジェ（ze/dʑe）」は「ジェット」など多く見られます。
　「ズィ（［zi/dʑi］）」は原音に近く発音を表記した「xyz（ズィー）」などや「ズィンガー」などの
固有名詞（人名・地名・商品名）に見られます。子音は多少口蓋化して［zʲi/ dʑʲi］に近くなりま
す。なお表記は「ズィ」でも発音は「ジ［zi/dʑi］」になっていることも多々あります。

タ行　タ　ティ　トゥ　テ　ト　　チャ　チ　チュ　チェ　チョ　　　テュ

　　　［ta　ti　tɯ　te　to］　　［tɕa　tɕi　tɕɯ　tɕe　tɕo］　　　［tʲjɯ］

　　　ツァ　ツィ　ツ　ツェ　ツォ

　　　［tsa　tsi　tsɯ　tse　tso］

　「チェ（［tɕe］）」は「チェス」など多くの語に見られます。
　「ティ（［ti］）」は「ミルクティー」「スパゲティ」など多くの語で見られます。「ティ」は現代で
は「チ」で発音されることはまずありません。子音は多少口蓋化して［tʲi］に近くなります。
　「トゥ［tɯ］」は「ハウトゥー」など原語音を意識した語に表れます。なお表記は「トゥ」でも
「ハウツー」のような母音（［ɯ］）を保持した「ツ［tsɯ］」や「トゥナイト」が「トナイト」にな
るような子音（［t］）を保持した「ト（［to］）」での発音も見られます。
　「テュ（［tʲjɯ］）」は「テュニック」や「テュービンゲン」などの固有名詞（地名・人名・商品
名）に見られます。通常の拗音の破擦音ではなく口蓋化した無声歯茎破裂音（［tʲ］）が使われてい
ます。「チュニック」のような「チュ（tɕɯ）」での発音も多く見られます。
　「ツァ」は「オトッツァン」「ゴッツァン（です）」や「ツァーリ」などに見られます。
　「ツィ」は「ユリツィン」やジプシー風の曲調の「ツィガーヌ」や「ツィゴイネルワイゼン」な
どに見られます。「チゴイネルワイゼン」のように「チ（tɕi）」での発音も多く見られます。
　「ツェ」は「ツェツェバエ」「ツェッペリン」などに見られます。
　「ツォ」は「カンツォーネ」などに見られます。

ダ行　ダ　ディ　ドゥ　デ　ド　　デュ

　　　［da　di　dɯ　de　do］　［dʲjɯ］

　「ディ（［di］）」は「ディスク」「ディジタル」などの語で見られます。子音は多少口蓋化して

[dʲi] に近くなります。「ディジタル」などでは「デジタル」のような「デ［de］」での発音が見られることもあります。

　「ドゥ［duɯ］」は「トゥドゥー（ToDo）」など原語音を意識した語に現れます。

　「デュ（［dʲjɯ］）」は「デュエット」「デュエルモンスター」などに現れています。「テュ」の有声音で口蓋化した有声歯茎破裂音（［dʲ］）が使われています。なお「ヂ」は「ジ」と同音なのでザ行にまとめて示してあります。

ハ行	ハ		ヘ	ホ	ヒャ	ヒ	ヒュ	ヒェ	ヒョ
	[ha		he	ho]	[ça	çi	çɯ	çe	ço]
	ファ	フ	フェ	フォ		フィ	フュ		フョ
	[Φa	Φɯ	Φe	Φo]	[	Φʲi	Φʲjɯ		Φʲjo]

　「ヒェ（［çe］）」は感嘆詞「ヒェー」や「ケッヒェル」「アイヒェンドルフ」などの固有名詞に見られます。固有名詞では「ヘ（［he］）」と発音されていることもあります。

　「ファ、フェ、フォ」は英語などで無声唇歯摩擦音（［f］）の代理音として「ファックス、ファッション」、「フェンシング、フェスティバル」、「フォト、フォント」など多くの外来語に見られます。これらを用いず、ハ行音で「ハックス、ヘンシング」のように発音することは現在ではほぼなくなっています。

　「フィ」は「フィスト」「フィルム」などに現れます。口蓋化した無声両唇摩擦音（［Φʲ］）です。「フイルム」のように2拍で「フイ（Φɯi）」と発音されることもあります。

　「フュ」は音楽ジャンルの「フュージョン」や電気の「フューズ（fuse）」などに現れますが、まれです。なお「fuse」はJISの用語では「ヒューズ」となっているように無声硬口蓋摩擦音（［ç］）で「ヒュ」と発音されることもあります。

　「フョ」は「フョードル」や「フョードロフ」などのロシア人の人名などに現れます。以前は「ヒョードル」のように表記され、無声硬口蓋摩擦音（［ç］）で発音されていたこともあります。

ヤ行	（ア	イ	ウ	エ	オ）		ヤ	（イ）	ユ	イェ	ヨ
	（[a	i（=ji）	ɯ	e	o]）		[ja	i=ji）	jɯ	je	jo]

　「イェ（［je］）」は「イェール」などの固有名詞に多く表れます。ヤ行のエの段に相当します。「イエール」のように「イエ（［ie］）」という母音連続で発音されることもあります。ヤ行の子音である有声硬口蓋接近音（半母音）（［j］）に相当する子音を持つ直音はありませんが、その半母音に対応する非円唇前舌狭母音の「イ（［i］）」を用いて表記されます。参考に添えたように［ji］は発音上は［i］と同等なのでヤ行はア行の拗音のような立場にあります。

ワ行	ワ	ウィ	（ウ）	ウェ	ウォ
	（[ɰa	ɰi	（ɯ=ɰɯ）	ɰe	ɰo]）

　ヤ行同様にワ行の子音である有声軟口蓋接近音（半母音）（[ɰ]）に相当する子音を持つ直音はありませんが、その半母音に対応する非円唇後舌狭母音の「ウ（[ɯ]）」を用いて表記されます。参考に添えたように［ɰɯ］は発音上は［ɯ］と同等です。

　「ウィ（[ɰi]）」は「ウィーン」「ウィキペディア」などに現れます。子音は口蓋化して［ɰʲi］になっています。「ウイーン」のように「ウイ（[ɯi]）」という母音連続で発音されます。

　「ウェ（[ɰe]）」は「ウェブログ」「ウェザー」などに現れます。「ウエザー」のように「ウエ（[ɯe]）」という母音連続で発音されることもあります。

　「ウォ（[ɰo]）」は「ウォッカ」「ウォーター」などに現れます。「ウオッカ」のように「ウオ（[ɯo]）」という母音連続で発音されることもあります。

● **合拗音（「クァ・クィ・クェ・クォ」「グァ」）**

　現在の五十音図に現れる拗音は口蓋化した子音が用いられ子音と母音の間に/j/が入った「開拗音」です。それに対し旧仮名で「家事（カジ）」に対して「火事（クヮジ：kwa）」が区別されるような、怪談（クヮイダン：kwa）、正月（ショウグヮツ：gwa）などにも見られるカ行とガ行の拍の子音と母音の間に/w/が入った「合拗音」があります。合拗音では子音は唇の丸めが加わり唇音化され次の母音との間に有声軟口蓋接近音（[ɰ]）が入るようになります。この「合拗音」は現代では方言や外来語の発音に見られるのみです。

　表記は「ク、グ」に小書きの母音字を添えますが、ア段には慣用で小書きの「ヮ」を添えるのも認められています。

　「クァ/クヮ［kɰa］」は「クァルテット」などに現れます。「クア［kɯa］/クワ［kɯɰa］」のように2拍で発音されることもあります。さらに「カルテット」のように直音の「カ［ka］」で発音されることもあります。

　「クィ［kɰi］」は「クィンテット」などに表れます。この場合子音は多少口蓋化して［ɰʲi］になっています。「クイ［kɯi］／クウィ［kɯɰi］」のように2拍で発音されることもあります。

　「クェ［kɰe］」は「クェート」などに現れます。「クエ［kɯe］／クウェ［kɯɰe］」のように2拍で発音されることもあります。

　「クォ［kɰo］」は「クォーター」などに現れます。「クオ［kɯo］／クウォ［kɯɰo］」のように2拍で発音されることもあります。

　「グァ／グヮ」は「グァバ」などに現れます。「グア［gɯa］/グワ［gɯɰa］」のように2拍で発音されることもあります。

　なお表記上では「クア、クイ、クエ、クオ」と表記してもいいことになっているので、そのように表記されても発音を「クァ・クィ・クェ・クォ」のようにする場合もあります。

● **ヴァ・ヴィ・ヴ・ヴェ・ヴォ**

　外来語の表記で「ヴァ・ヴィ・ヴ・ヴェ・ヴォ」を用いることが認められています。原語の有声唇歯摩擦音（[v]）で発音することもあり得ますが、通常は「バ行」同じ発音です。

　まとめにこれらを含む超拡大五十音図を添えます。なお、この表では、外来語音などを含めて示すので、子音が口蓋化している直音のイの段は、同じ子音を持つ拗音と一緒に表記してあります。

超拡大五十音図の音声表記 (表内は ［ ］ を省略。＊の行は口蓋化の記号を用いず ［ki］［kja］のような表記が多い。)

ア	（イ）	ウ	エ	オ	ヤ	イ	ユ	イェ	ヨ	
a	(i)	ɯ	e	o	ja	i	jɯ	je	jo	
子音の口蓋化無し					子音の口蓋化あり（イの段・拗音）					
カ		ク	ケ	コ	キャ	キ	キュ		キョ	
ka		kɯ	ke	ko	kʲja	kʲi	kʲjɯ		kʲjo	＊
ガ		グ	ゲ	ゴ	ギャ	ギ	ギュ		ギョ	
ga		gɯ	ge	go	gʲja	gʲi	gʲjɯ		gʲjo	＊
ŋa		ŋɯ	ŋe	ŋo	ŋʲja	ŋʲi	ŋʲjɯ		ŋʲjo	＊
サ	スィ	ス	セ	ソ	シャ	シ	シュ	シェ	ショ	
sa	si	sɯ	se	so	ɕa	ɕi	ɕɯ	ɕe	ɕo	
ザ	ズィ	ズ	ゼ	ゾ	ジャ	ジ	ジュ	ジェ	ジョ	
za	zi	zɯ	ze	zo	ʑa	ʑi	ʑɯ	ʑe	ʑo	
dza	dzi	dzɯ	dze	dzo	dʑa	dʑi	dʑɯ	dʑe	dʑo	
タ	ティ	トゥ	テ	ト	チャ	チ	チュ	チェ	チョ	
ta	ti	tɯ	te	to	tɕa	tɕi	tɕɯ	tɕe	tɕo	
ツァ	ツィ	ツ	ツェ	ツォ			テュ			
tsa	tsi	tsɯ	tse	tso			tʲjɯ			＊
ダ	ディ	ドゥ	デ	ド			デュ			
da	di	dɯ	de	do			dʲjɯ			＊
ナ		ヌ	ネ	ノ	ニャ	ニ	ニュ	ニェ	ニョ	
na		nɯ	ne	no	ɲa	ɲi	ɲɯ	ɲe	ɲo	
ハ			ヘ	ホ	ヒャ	ヒ	ヒュ	ヒェ	ヒョ	
ha			he	ho	ça	çi	çɯ	çe	ço	
ファ		フ	フェ	フォ		フィ	フュ		フョ	
φa		φɯ	φe	φo		φʲi	φʲjɯ		φʲjo	＊
パ		プ	ペ	ポ	ピャ	ピ	ピュ		ピョ	
pa		pɯ	pe	po	pʲja	pʲi	pʲjɯ		pʲjo	＊
バ		ブ	ベ	ボ	ビャ	ビ	ビュ		ビョ	
ba		bɯ	be	bo	bʲja	bʲji	bʲjɯ		bʲjo	＊
マ		ム	メ	モ	ミャ	ミ	ミュ		ミョ	
ma		mɯ	me	mo	mʲja	mʲi	mʲjɯ		mʲjo	＊
ラ		ル	レ	ロ	リャ	リ	リュ		リョ	
ɾa		ɾɯ	ɾe	ɾo	ɾʲa	ɾʲi	ɾʲɯ		ɾʲo	
ワ	その他　ウィ［ɰi］ウェ［ɰe］ウォ［ɰo］、									
ɰa	クァ［kɰa］、クィ［kɰi］、クェ［kɰe］、クォ［kɰo］、グァ［gwa］									

| 第 **10** 章 | 特殊音素（撥音^{はつおん}・促音・引く音） |

この章では、撥音、促音、引く音（長音）が実際の音声環境ではどのような音として現れるかを見ていきます。

同じ「ン」と仮名で書くのに、ヘボン式ローマ字だと Shimbashi（「シンバシ」）では m、Kanda（「カンダ」）では n と書き分けられています。これはどうしてなのでしょうか。日本語母語話者は普段あまり意識していませんが、確かに実際に発音してみると、「シンバシ」の「ン」では唇が閉じていますが、「カンダ」の「ン」のときには唇は閉じていません。

また促音では、「イッパイ」でも「イッタイ」でも「ッ」のときには何のオトも出ていませんが、「イッパイ」のときには唇が閉じていて、「イッタイ」のときには唇は閉じていません。

引く音でも、「スキー」も「一」と「ツアー」の「一」では異なった音が出ています。

このように、撥音、促音、引く音（長音）は前後の音の環境に応じて、異なる音として現れます。ただし、いくら異なった音が現れても、私たちはそれぞれ同じ一つの音が実現したように思います。これは、これらの音があとで説明するように、相補分布し、一つの音素の異音と考えられるからです。

このうち撥音と促音は共通性が多い音なので、まずはその相違点を考察してからそれぞれの音の詳細を見ていきます。

引く音は表記にも注意が必要です。文字表記は本来音声をどのように文字にするかということのはずですが、多くの人は外国語を含め表記が先でそれをどう読むかという誤った認識を持っているので特に注意しましょう。

第 10 章のポイント

□特殊音素が音声環境によってどのような異音として現れるかを知ること。

撥音：次の音を発音する準備をして、鼻腔に有声の息を通しながら 1 拍待つ。

　後続音による撥音の異音

後続音なし（ポーズの前）	→	有声口蓋垂鼻音：[ɴ]
□腔の閉鎖なし（母音、半母音、摩擦音：アサワハヤ行）	→	鼻母音
□腔の閉鎖あり（鼻音、破裂音、破擦音、はじき音：上記以外）	→	次の音と同じ調音点の鼻音

促音「ッ」：次の音を発音する準備をして、そのまま 1 拍待つ。

　後続音は無声音（カサタハパ行）が基本。ただし外来語などには有声音も現れる。

★撥音、促音とも逆行同化現象である（後続音と共通の特徴を持つ音になる現象）。

引く音：前の母音が延ばされて発音されている長音の後半部分。表記に注意。

■ 10.1　撥音と促音の相違点

　「カパ」と鏡を見ながら発音してみましょう。「パ」の子音は「無声両唇破裂音」ですから「カ」の直後に唇が閉じて、それから開いて「パ」が発音されます。次に「カッパ」「カンパ」と発音して、唇の動きを見てください。いずれも「パ」の直前ではなく「カ」の直後の「ン」や「ッ」が始まるときに唇が閉じていることがわかると思います。そして「パ」で唇が開きます。

　次に「カタ」と発音したあと、「カンタ」「カッタ」と発音してみましょう。「カタ」では「カ」の母音「ア」で舌先が前歯の裏から歯茎の辺りに当たります。「カンタ」「カッタ」でも「ン」や「ッ」が始まるときに舌が当たり、そのまま舌を動かさずに「タ」が発音されるので、舌が当たっている位置は「タ」と同じ「前歯の裏から歯茎」にかけてです。

　いずれにせよ撥音と促音が作られているときは後続する音がそのまま発音できるような調音の位置になっていることがわかります。さらにこれらの音は単独で1拍あります。ですから**撥音と促音の調音の共通点**は、「**後続する音の調音を準備して1拍分の長さを持続させている**」ということになります。

　では撥音と促音では何が違うのでしょうか。軽く鼻を押さえながら「カンパ」「カンタ」と発音してみると「ン」のところで手に振動が伝わるのが感じられると思います。これは鼻腔に声帯振動を伴った息が通っている証でした。ですから**撥音**は「**後続する音の調音を準備して、鼻腔に有声の息を通しながら1拍分の長さを持続させている**」音です。

　それに対して「カッパ」「カッタ」では「ッ」は無音です。ですから**促音**は「**後続する音の調音を準備して1拍分の長さを持続させている**」音ということになります。

　共通点がある音ですから、日本語の中では役割を分担していることがあります。詳細は以下で述べますが、撥音「ン」の直後にはすべての仮名文字が現れますが、促音「ッ」の直後には「ナ」や「ダ」は現れません。そのため「真」は「真っ白（マッシロ）」に対して「真ん中（マンナカ／＊マッナカ）」です。動詞の音便も過去の形が「タ」の場合は促音便「勝つ／カッタ」ですが、「ダ」の場合は、「噛む／カンダ」になるように撥音と促音が役割を分担しています。

　次に撥音と促音を整理していきます。

10.2 撥音 1

撥音は「後続する音の調音を準備して、鼻腔に有声の息を通しながら 1 拍分の長さを持続させている」音です。基本的に後続する音に制限はなく、五十音図のすべての音（文字）が現れます。以下、後続する音によって発音される音がどのように変わるか見ていきます。

まず、後続音が口腔内に閉鎖のある場合を見ていきます。口腔の閉鎖を伴う調音法の「破裂音」「破擦音」「鼻音」が後続する場合です。さらに「信頼（シンライ）」と発音してみるとわかるように、「ン」の部分では弾く準備として舌先が歯茎に当たっていて舌が離れるのは後続するラ行子音のところですから、「はじき音」が後続する場合も閉鎖の一種と考えておきます。

これらの子音が後続する場合は後続の子音の調音の準備をするわけですから、撥音の調音では口腔内に後続の子音と同じところに閉鎖ができています。そしてその状態で鼻腔に声を伴った息を通します。これはまさに「鼻音」を調音している状態です。ですから**後続する子音が口腔の閉鎖を伴う音の場合の撥音は「後続する子音と同じ調音点の鼻音」**ということになります。

次に、後続音が口腔内に閉鎖がない場合を考えます。これは後続音が母音、接近音（半母音）、摩擦音の場合です。この場合は次の音を準備しても口腔に閉鎖はできません。その状態で鼻腔に声を伴った息を通すわけですから、当然閉鎖のない口腔にも有声の息が通ります。例えば「検疫（ケンエキ）」と発音してみると「ン」の部分では母音の「エ」のような音が出ています。ただし鼻を手で軽く押さえれば手に振動が伝わることでわかるように鼻腔にも息が通っており「鼻母音」が発音されていることになります。後続音が接近音（半母音）の「翻訳（ホンヤク）」、摩擦音の「散策（サンサク）」なども同様です。**後続音が口腔内に閉鎖がない場合、「ン」の部分は鼻母音が発音されている**のがわかると思います。ただしその鼻母音がどのような母音の鼻母音かは先行する母音の種類とそれに後続する音で決まるのでさまざまです。

最後は、後続音がない、すなわち音の切れ目（ポーズ）の前で撥音で終わっている場合です。「餡（アン）」と発音してみましょう。鼻を手で軽く押さえれば手に振動が伝わることでわかるように鼻腔にも息が通っているのがわかります。それに対して口に手を当てても「ン」の部分では息が出ていません。ですから口腔内には閉鎖があるはずです。鏡を見て口の中に棒状のものを入れてみるとわかりますが、口の前の方には閉鎖がなく閉鎖は口腔の奥側にあります。「アン」の場合は母音「ア」が低母音なので、上顎が一番低くなっている口蓋垂の辺りで閉鎖を作っているのがわかります。ですから**後続音がない場合は「有声口蓋垂鼻音 [ɴ]」**が発音されています。

ただし「印（イン）」や「円（エン）」と発音するとわかるように、直前が「イ」や「エ」などの前舌の母音、特に狭母音の「イ」の場合に顕著ですが閉鎖は「口蓋垂」まで後ろではなく「軟口蓋」で「有声軟口蓋鼻音 [ŋ]」になっていることが多いようです。ただしこれは前の母音の影響なので簡略には「有声口蓋垂鼻音」で代表させます。

なおいずれの場合も撥音の直前の母音は、撥音の準備で鼻腔に息を通し始めるために、特に後半部分はかなり鼻音化されます。このことは 10.4 を参照してください。

これらをまとめると以下のようになります。後続音は簡略表記に準じた音声表記で表してあります。また表で [Ṽ] は特定の母音の鼻母音ではなく鼻母音一般を示す記号として用いています。なお詳細は後述しますが、「ン」のあとのザ行は通常破擦音になるため [z][ʑ] は以下の表では省

いてあります。

　表では後続音①〜④が口腔内に閉鎖のある音（破裂音、破擦音、鼻音、はじき音）です。調音点で分類されています。⑤は後続音がない場合、⑥〜⑧は口腔内に閉鎖がない音（母音、半母音、摩擦音）の場合です。音の種類と調音法で分類されています。

後続音		撥音として現れる音（撥音/N/の異音：調音点と音声表記）					
		両唇	歯茎	歯茎硬口蓋	軟口蓋	口蓋垂	鼻母音
調音特徴	音声記号	[m]	[n]	[ɲ]	[ŋ]	[ɴ]	[Ṽ]
①両唇	[p] [b] [m]	○					
②歯茎	[t] [d] [ts] [dz] [n] [ɾ]		○				
③歯茎硬口蓋	[tɕ] [dʑ] [ɲ]			○			
④軟口蓋	[k] [g] [ŋ]				○		
⑤なし						○	
⑥母音	[a] [i] [ɯ] [e] [o]						○
⑦半母音	[j] [ɯ]						○
⑧摩擦音	[ɸ] [s] [ɕ] [ç] [h]						○

後続する仮名で整理すると以下のようになります。

後続する仮名		撥音の異音
①	（拗音含む）パ行、バ行、マ行	[m]　有声両唇鼻音
②	（イの段と拗音以外の）「タ行、ダ行、ザ行」、ラ行	[n]　有声歯茎鼻音
③	チ、ジ（ヂ）、ニと「タ行、ダ行、ザ行、ナ行」の拗音	[ɲ]　有声歯茎硬口蓋鼻音
④	（拗音含む）カ行、ガ行	[ŋ]　有声軟口蓋鼻音
⑤	なし	[ɴ]　有声口蓋垂鼻音
⑥	ア行	[Ṽ]　鼻母音
⑦	ヤ行、ワ行	
⑧	（拗音含む）サ行、ハ行	

　撥音は後続音の種類に応じて変わりますが、ある一つの音が現れるときには他の音は出現しません。そして音を交替させながら、すべての環境を埋めていきます。つまり**撥音の異音はお互いに相補いながらすべての場合を網羅している相補分布しています。ですから撥音は一つの音素をなし、現れる音はその撥音の音素の条件異音**ということになります。

　表を見るとわかる通り、撥音の異音は基本的には、後に来る音と調音点を同じにする鼻音に変化しています。つまり後続音の調音が前の音に影響を及ぼして、後続音と共通の特徴を持つ音になっています。こうした現象を逆行同化といいます。

10.3 撥音2

　口腔に閉鎖がある音が後続する場合、基本的に後続音と調音点が同じ鼻音になるので後続音の調音点別に整理していきます。

①撥音の直後に両唇音「パ・バ・マ行（[p][b][m]）」が来るとき、撥音は両唇鼻音[m]で発音されます。
【例】散歩［sampo］　産婆［samba］　サンマ［samma］
　なお後続音が口蓋化している上記の行のイの段「ピ、ビ、ミ」や拗音の場合は、撥音の異音である鼻音も口蓋化します。「サンバ」［samba］の「ン」に当たる[m]と「賛美」［samʲbʲi］の「ン」にあたる[mʲ]を比べると「賛美」の「ン」のほうが、舌が硬口蓋に向かって盛り上がり、唇の両端が横に引かれているのがわかると思います。なお、ヘボン式のローマ字でも「p, b, m」の直前の撥音はnではなくmで表記されます。

②撥音の直後に歯茎音「イの段と拗音以外のタ・ダ・ザ・ナ行（[t][d][ts][dz][n]）」と「ラ行（[ɾ]）」が来るとき、撥音は歯茎鼻音[n]で発音されます。
【例】船体［sentai］　寛大［kandai］　貫通［kantsɯː］
　　　散財［sandzai］　院内［innai］　元来［ganrai］
　リ、リャ、リュ、リョなどの口蓋化した歯茎はじき音が後に来るときの撥音の異音は口蓋化し、中舌面が口蓋に盛り上がり口蓋化した歯茎鼻音[nʲ]のようになります。

③撥音の直後に歯茎硬口蓋音「チ、ジ（ヂ）、ニ」および、「タ・ダ・ザ・ナ行」の拗音（[tɕ][dʑ][ɲ]）が来るとき、撥音は歯茎硬口蓋鼻音[ɲ]で発音されます。
【例】インチ［iɲtɕi］　幹事［kaɲdʑi］　筋肉［kʲiɲɲikɯ］
　なお特に硬口蓋寄り「ニ、ニャニュニョ」を発音する人に顕著ですが、鼻音「ニ、ニャニュニョ」が後続する撥音「ン」は、他の歯茎硬口蓋破擦音が後続する場合よりも調音点が奥になることが多いようです。

④撥音の直後に軟口蓋音「カ・ガ行音[k][g]（[ŋ]）」が来るとき、撥音は軟口蓋鼻音[ŋ]になります。
【例】難解［naŋkai］　案外［aŋgai］（[aŋŋai]）
　ガ行音を鼻濁音で発音しない人でも、撥音の異音としては鼻濁音と同じ子音である軟口蓋鼻音[ŋ]を発音しています。またその影響で普段鼻濁音を発音しない人でも「ン」の直後のガ行音が鼻濁音になることがあります。
　なお後続音が口蓋化しているイの段「キ、ギ」や拗音の場合は、撥音の異音である鼻音も口蓋化します。「観光［kaŋkoː］」の「ン」に当たる[ŋ]と「環境」［kaŋʲkʲoː］の「ン」に当たる[ŋʲ]を比べると「観光」の「ン」の調音点より前寄りで硬口蓋に近いのがわかると思います。

⑤次に音がない場合、例えば語末などの音声的なポーズの前などは上顎が一番低くなっている口蓋垂の辺りで閉鎖を作る「有声口蓋垂鼻音 [ɴ]」が発音されるのが基本です。

【例】餡 [aɴ]　遺産 [isaɴ]　損 [soɴ]

　ただし直前が「イ」や「エ」などの前舌の母音、特に狭母音の「イ」の場合に顕著ですが、閉鎖は「口蓋垂」ほどは後ろではなく前寄りの「有声軟口蓋鼻音 [ŋ]」になります。「カン [kaɴ]」と「キン [kʲiŋ]」、「コン [koɴ]」と「ケン [keŋ]」を発音して比べてみると、その位置の違いが意識できると思います。ただしこれは前の母音の影響なので簡略に表記する場合は「有声口蓋垂鼻音 [ɴ]」で代表させるのが一般的です。

　口腔に閉鎖がない音が後続する場合は、基本的に鼻母音として発音されます。以下、後続音の種類と調音法ごとに整理していきます。

　後続音が⑥母音（ア行）、⑦半母音（ヤ・ワ行）、⑧摩擦音（サ・ハ行）のときは、後続音に口腔内の閉鎖がないことになります。なお撥音「ン」の直後のザ行音は通常は破擦音で発音されているので、後続音が [z] や [ʑ] であることは通常はありません。

　この場合は撥音「ン」の調音の間は口腔内に閉鎖や狭めがない状態なので、鼻腔のみならず口腔からも有声の息が出て母音が発音されている状態なので撥音は「鼻母音」で発音されます。

　どのような母音の鼻母音になっているかは、撥音の前後の音によっても異なります。例えば三愛（サンアイ）のように前後が母音 [a] の場合は [saãai] のような [a] の鼻母音、検疫（ケンエキ）のように、前後が [e] の場合は [keẽekʲi] のような [e] の鼻母音に近い音が発音されているのがわかると思います。ただし実際の発音においては、大まかに考えても発音の直前の母音（5種類）と直後の音（母音（5）・半母音（2）・摩擦音（5）の12種類）組み合わせがあるので、それぞれにおいて現れる母音は異なります。ただし前後が舌の位置が低めで口の開きが大きめの母音の場合を除いては、基本的に口の開きの狭い [ĩ] や [ũ] のような鼻母音になっていることが多いようです。本書では特別な場合を除き、母音の質は考えずに鼻母音であるということを示す記号として [Ṽ] を用います。ここでの大文字の V はある特定の音を示す音声記号ではなく、英語の「vowel（母音）」の頭文字で、母音一般を指しています。

　　　【例】　⑥恋愛 [ɾeṼai]　真意 [ɕiṼi]　煙雨 [eṼɯ]　運営 [ɯṼe:]　卵黄 [ɾaṼo:]
　　　　　　　⑦山野 [saṼja]　緩和 [kaṼɰa]
　　　　　　　⑧カンフー [kaṼɸɯ:]　炭素 [taṼso]　漢詩 [kaṼɕi]　ピンヒール [piṼçi:ɾɯ]
　　　　　　　マンホール [maṼho:ɾɯ]

　以上、撥音の異音を後続音ごとに整理してきました。ただし実際の撥音では説明とは異なった音が現れていることも多いことも含め、10.4 で扱います。

10.4 撥音をめぐるさまざまな現象

　以上、見てきた撥音に共通なのは、母音がない鼻音のみか、逆に子音がない鼻母音のみであるということです。日本語では子音は必ず母音を伴って発音されます。そのため子音は次の母音に移るときにはじめて違いが意識されます。ですから鼻音も口腔の閉鎖が母音を発音するときに解放されるマ［ma］、ナ［na］、ガ［ŋa］（鼻濁音）は容易に聞き分けられます。この場合は［m］は/m/、［n］は/n/、［ŋ］は/g/という別の音素に属するわけです。それに対して［am］、［an］、［aŋ］、［aã］となった場合はすべて「アン」となります。この場合の［m］［n］［ŋ］［ã］は同じ音素/N/の異音です。

　ですから実際の撥音では 10.3 で見てきた以外にさまざまな撥音が観察されます。特に日常の速くぞんざいな発音ではカンパが［kampa］ではなく［kaãpa］、カンダが［kanda］ではなく［kaãda］のような口腔の閉鎖のない鼻母音で発音されていることも多く観察されます。

　逆に日本人が pen のような［n］で終わる語を発音する際、日本語のペンの意識で語末に［ɴ］や［ŋ］を発音する誤りが見られます。さらに語末の撥音を観察するとわかりますが通常は発音が終わったら口を閉じるので「ン」が鼻母音に近い口腔の閉鎖がない発音になっていると［m］と感じられることも多いようです。このことは筆者がロシア語を教えているとき日本人のロシア語学習者の発音の癖としてネイティブの先生に度々指摘されました。

　ちなみに日本人が語頭の［n］を意識するには小さく「ン」が入るイメージで not なら「ｯノット」、語末なら「ヌ」をイメージして pen なら「ペンｽ」のように意識するといいようです。

　撥音の異音はすべて鼻腔が関与することから、その直前の母音、特にその後半は鼻母音になっています。それに関係して「雰囲気」を「ふいんき」と表記することがあります。筆者も音声学の授業で「発音と表記が異なると思う例」を聞いたところ、何人かから「『フインキ』と聞こえるのになぜ『ふんいき』なのか」という指摘がありました。漢字や仮名表記を意識せずに、純粋に音声として自然な速さで発音するとすごく似ているのがわかると思います。鼻音化を強く表記すると「フンイキ［ɸɯ̃ɯ̃ik^ji］／［ɸɯ̃iik^ji］」と「フインキ［ɸɯĩiŋk^ji］」のようになり狭母音［ɯ̃］と［ĩ］の鼻母音は似ているので、かなり近い発音になります。耳から語を覚えて表記すると「ふいんき」と考えるのも妥当だと考えられます。日本語学習者は音から言葉を覚えますから、もし表記の誤りがあった場合は、発音に戻るのが重要です。

　また日常の発音では「店員」は長母音で「テーイン［teːiɴ］のように発音されていることも多いです。「全員」や「原因」も同様です。（参考　久野マリ子「首都圏方言若年層の音声の変種」、久野マリ子「高校生の「全員」「原因」「店員と定員」の発音と意識」『國學院雑誌第 119 巻第 11 号』）

　なお後続音が母音で鼻母音で発音される「恋愛［reṼai］」のような語の撥音を、外国人学習者は口腔の閉鎖を伴う、例えば［n］のような音で発音することがあります。この場合でも、たとえ［n］で発音しても次の母音と切れて［ren-ai］であれば「恋愛」に近く聞こえますが、母音に移るときに閉鎖が開放されて連なると［n］の持続時間にもより、レナイ［renai］」もしくは「レンナイ［rennai］」に聞こえるように発音されます。

　次が母音イやヤ行の場合に同様な発音がされると、口蓋化され「懇意」が「コンイ［koṼi］」で

はなくて「コニ［koɲi］／コンニ［koɲɲi］」、「今夜」が「コンヤ［koṼja］」ではなく「コニャ
［koɲa］／コンニャ［koɲɲa］」のように発音されることになります。

　なお『日本国語大辞典　第2版　小学館（2003）』では特別な記号を使って「梅（うめ［ɯme］）」
が［mme］とも発音されることが示されていますが、この語頭の［m］は「梅（ンメ）」という
「ン」の表記に相当します。現在でも方言でも聞かれますし、年配の方や古い童謡の録音などの
「梅、馬」などの発音で聞くことができます。

10.2、10.3　確認問題

問題 1　撥音に関して（　　　）に適切な語句を書きなさい。

　仮名で「ん／ン」で表記される撥音は、促音と同様に語頭には現れず、（　①　）しな
がら1拍の長さを持続する音である。促音との違いはその持続している間（　②　）とい
うことである。

　撥音の発音は、後続する音によってさまざまに変わる。それらの音が相補分布するため撥音
は以下のような異音を持つ一つの音素として考えられる。

　後続音が口腔の閉鎖を伴う「マ・ナ行」の子音のような調音法が（　③　）、「タテトお
よびカ・ガ・パ・バ行」の子音のような調音法が（　④　）、「ツ、チ」の子音のような調
音法が（　⑤　）が後続する撥音の異音は（　⑥　）となる。

　それに対して後続音が口腔の閉鎖がない、母音である（　⑦　）行、接近音（半母音）
である（　⑧　）行、摩擦音である（　⑨　）行の場合は、撥音の異音は（　⑩　）
になる。

　後続音がない、いわゆる語末（ポーズの前）の発音は（　⑪　）であるが、実際の撥音
では直前の母音が前舌の場合には調音点が前寄りの（　⑫　）で発音されることも多い。

問題 2　以下の語を含まれる撥音の異音で分類しなさい。

［m］　（　　　　　　　　　　　　　　　　　　　　　）

［n］　（　　　　　　　　　　　　　　　　　　　　　）

［ɲ］　（　　　　　　　　　　　　　　　　　　　　　）

［ŋ］　（　　　　　　　　　　　　　　　　　　　　　）

［ɴ］　（　　　　　　　　　　　　　　　　　　　　　）

【単語群】

1　完備	2　産地	3　般若	4　配分	5　転校
6　階段	7　戦国	8　連邦	9　館内	10　参入
11　安泰	12　天女	13　看護	14　呼び鈴	15　短命
16　辛抱	17　貫通	18　咽喉	19　ライン	20　感情
21　古本	22　歓喜	23　現代	24　漢字	25　進路

10.5　促音 1

　促音は「後続する音の調音を準備して、1 拍分の長さを持続させている」音です。後続する音は基本的に声帯の振動を伴わない無声音が現れます。そのため促音の後続音には母音はなく子音も無声の子音のみです。無声音があるのは破裂音、摩擦音、破擦音なので、後続するのは「カ・サ・タ・ハ・パ行」に限られます。

　以下、後続音ごとに促音を見ていきます。なお、方言音、外来語、実際の発話に見られる強調形などでは促音の直後に有声音が現れる場合があります。また表記で「アッ」のような場合にも見られますが、それは 10.7 で触れます。

　後続音が無声音で口腔の閉鎖を伴うのは、後続音が破裂音と破擦音の場合で「カ、タ、パ」行のときです。例えば「カッパ」のように後続音が無声破裂音のときは、促音が始まったときに口腔内で後続音と同じ調音点で閉鎖が起こります。そのまま肺から息を送り込みながら 1 拍分待ち、その後、後続音の最初で閉鎖を開放し破裂音が出されます。この「閉鎖」から「開放」までは通常の破裂音と同じです。ただし閉鎖の持続時間は通常の破裂音とは大きく異なり 1 拍分の長さがあることになります。ですから**後続音が無声の破裂音と破擦音の場合、促音は後続する破裂音の閉鎖時間が 1 拍ある長い破裂音になり、促音の部分はその閉鎖の無音の状態ということになります。**

　促音の部分の音声表記は後続する子音の記号を書き、[kappa] のように表記するのが普通です。ただしこの場合 [-pp-] は [p] が 2 回発音されているわけでありません。この場合 [-pp-] の前部の音部分の [-p] は閉鎖のみで開放がない破裂音であり、後部の後続する拍の子音の [p-] は閉鎖のみの破裂音になります。さらに後部の [p] は破裂のみで、かなりの喉頭の緊張を伴っています。英語の cat が日本語では「キャット」と促音が挟まれることにも関わりますが、このことを含めた促音をめぐるさまざまな現象は 10.7 を参照してください。

　後続音が無声音で口腔の閉鎖を伴わないのは後続音が摩擦音の「サ、ハ」行の場合です。「アッサリ」のように後続音が口腔の閉鎖を伴わない摩擦音のときも、やはり後に来る音と同じ構えをして 1 拍分待ちます。ただしこの場合は摩擦音と同じ調音なので、口腔には呼気が通る狭めがあり、促音の 1 拍の間も後続の調音点と摩擦音となって出ていきます。ですから、**後続音が無声摩擦音の場合、後続する摩擦音と合わせて考えると、「促音＋次の無声摩擦音」で摩擦時間の長い摩擦音になります。**この場合は促音の部分は摩擦音が出ているので無音ではありません。なお促音の後にハ行が来るのは「スタッフ」などの基本的には外来語です。それ以外では「本（ホン）」が「一本（イッポン）」となるように「パ行」が現れます。

　促音の部分の音声表記は後続する子音の記号を書き [assarⁱi] のように表記するのが普通です。[-ss-] は [s] が 2 回発音されているわけではなく摩擦時間の長い摩擦音になっています。

　以下、後続音と促音の異音をまとめておきます。ここで用いた音声表記では基本的に促音の部分は後続子音をそのまま重ねて書いています。ただし後続音が破擦音の場合の促音部は破擦音の閉鎖部分なので「一対 [ittsɯi]」、「一致 [ittɕi]」のように破裂音のみで表記します。

　なお上で述べたように、それぞれ閉鎖時間の長い破裂音、摩擦時間の長い摩擦音と考え、「カッパ」を [kapːa]、「あっさり」を [asːarⁱi] のように子音に長音記号を添えて書くこともありますが、本書では採用しません。

10.6　促音 2.

　後続音による促音の異音を表にしてまとめておきます。表では後続音①〜③が口腔内に閉鎖のある音（破裂音、破擦音）です。②で後続音が歯茎硬口蓋音（[tɕ]）のときは中舌が盛り上がり閉鎖の位置は少し奥になります。④⑤は口腔内に閉鎖がない音（摩擦音）の場合です。

　なお、ハ行が来る場合（⑥）、有声音が来る場合（⑦）、語末に来る場合（⑧）は、外来語や発話における強調などなので、表に入れずに後述します。

後続音			促音として現れる音（促音/Q/の異音）				
			[p]	[t]	[k]	[s]	[ɕ]
（拗音を含む）パ行	①	[p]	○				
（拗音を含む）タ行	②	[t]　[ts]　[tɕ]		○			
（拗音を含む）カ行	③	[k]			○		
（イの段以外）サ行	④	[s]				○	
シ・サ行拗音	⑤	[ɕ]					○

　促音は後続音の種類に応じて変わりますが、ある一つの音が現れるときには他の音は出現しません。そして音を交替させながら、すべての環境を埋めていきます。つまり**促音の異音はお互いに相補いながらすべての場合を網羅している相補分布しています。ですから促音は一つの音素をなし、現れる音はその促音の音素（/Q/）の条件異音ということになります。**

　表でわかる通り、促音の異音も撥音と同様に後に来る音と同じ音として現れています。つまり後続音の調音が前の音に影響を及ぼして、後続音と似た種類の音になっているので逆行同化です。

①一杯（[ippai]）のように直後に無声両唇破裂音（[p]：パ行）が来る場合、促音は後続する音の両唇での閉鎖が1拍分続いた状態になります。一匹（[ipʲpʲikʲi]）、八百 [hapʲpʲjakɯ] など口蓋化した子音が後続する場合はその子音を準備して、閉鎖の間、硬口蓋に舌が盛り上がっています。

②一体（[ittai]）のように歯茎破裂音（[t]：タ、テ、ト）、「一対（[ittsɯi]）」のように直後に無声歯茎破擦音（[ts]：ツ）が来る場合は、後続する音の歯茎での閉鎖が1拍分続いた無音状態になります。なお一致（[ittɕi]）のように直後に無声歯茎硬口蓋破擦音（[tɕ]：チ、チャ、チュ、チェ、チョ）が来る場合は、閉鎖の位置は後続の歯茎硬口蓋破擦音（[tɕ]）の閉鎖に近いので中舌が盛り上がり、口蓋化した [tʲ] のようになり歯茎音が後続するときよりも少し奥寄りになりますが、広義の歯茎として扱います。

③一回（ikkai）のように直後に無声軟口蓋破裂音（[k]：カ行）が来る場合、促音は後続する音の軟口蓋での閉鎖が1拍分続いた無音状態になります。一気（[ikʲkʲi]）、一脚 [ikʲkʲjakɯ] など口蓋化した子音が後続する場合は、その口蓋化した子音を準備して、閉鎖の位置は軟口蓋の前部で硬口蓋寄りになります。

④一切（issai）のように直後に無声歯茎摩擦音（［s］：サ、ス、セ、ソ）が来る場合、促音は後続する摩擦音が1拍分続いた状態になり、無音ではなく摩擦音が出ています。

⑤冊子（［saɕɕi］）のように直後に無声歯茎硬口蓋摩擦音（［ɕ］：シ、シャ、シュ、シェ、ショ）が来る場合、促音は後続する摩擦音が1拍分続いた状態になり、無音ではなく摩擦音が出ています。

⑥直後に摩擦音のハ行が来る場合も、④⑤と同様に促音は後続する摩擦音が1拍分続いた状態で無音ではなく摩擦音が出ています。基本的に外来語に現れます。

> 　例　後続音［h］（ハ、ヘ、ホ）　バッハ［bahha］、コッヘル［kohheɾɯ］、ゴッホ［gohho］
> 　　　後続音［ç］（ヒ、ヒャ、ヒュ、ヒェ、ヒョ）　チューリッヒ［tɕɯːrʲiççi］
> 　　　後続音［ɸ］（フ、ファ、フィ、フェ、フォ）　ワッフル［ɰaɸɸɯɾɯ］

⑦直後に有声音が来る場合は、外来語などで一般的なのは対応する無声音がある「ガダザバ行」の子音が来る場合で後続する音の閉鎖が1拍分続いた状態です。なお促音に後続するザ行および「ヂ、ズ」は促音が閉鎖を伴った発音になり破擦音となり通常は摩擦音では発音されません。また直後に有声歯茎硬口蓋破擦音（［dʑ］：ジなど）が来る場合は、口蓋化した［dʲ］のようになり、歯茎音が後続するときよりも少し奥寄りになりますが、広義の歯茎として扱います。

> 　例　後続音［g］（拗音を含むガ行）　バッグ［baggɯ］
> 　　　後続音［d］［dz］［dʑ］（ダ、デ、ド、拗音を含むザ行）　ベッド［beddo］、ロッジ［roddʑi］
> 　　　後続音［b］（拗音を含むバ行）　ハッブル［habbɯɾɯ］

　上記では簡略に促音の部分の音声表記は後続する子音の記号を書き、以後もその表記をしますが、実際発音して詳しく観察してみると、促音部分は一部あるいは全部声帯振動はなく無音化していることのほうが多いようです。ですから無声化の記号［̥］を添えて、バッグ［bag̊gɯ］、ベッド［bed̥do］のほうが実際の発音に近いことになります。

　なお実際の発話などで見られる強調形などでは、いままで説明したような後続音が「アッカルイ」のような無声音や「スッバラシイ」のバ行音以外にも、「（喉が）カッラカラ」などのラ行、「サッワヤカ」など「ワ行」などが現れることがあります。なお後続音が「ナ・マ行」のような鼻音では強調に撥音が用いられるため促音は通常は現れません。

　このうち「カッラカラ」のようなラ行が後続する場合は、促音の部分は、はじき音の準備をして歯茎に舌をそり返してつけて1拍待った発音が見られます。促音分は閉鎖なので「有声そり舌破裂音」の［ɖ］が閉鎖とその持続のみで閉鎖の開放である破裂をなくした音である「内破音」になったような状態で［kaɖɾakara］が実際の発音に近いですが、簡略に［kaɾɾakara］と表記します。ただしこの場合も含み、後続音が半母音のワ行のときなどは、次で述べる「声門閉鎖音」になっていることも多いようです。

⑧「アッ［aʔ］a」や「エーッ［e:ʔ］」などは、母音を急に切るために声帯を強くあわせ「無声声門破裂音（［ʔ］）」が現れ、それが促音と意識されています。なおこの場合は閉鎖だけが問題で破裂は意識されない「内破」の音なので「無声声門閉鎖音」ともいわれます。

　また「王［o:］じゃなくて、尾を［oʔo］。」のように母音を切って発音する場合にも「無声声門破裂音」は現れるので「オーじゃなくてオッオ。」のように意識されるでしょう。

　なお特別に強調するとき以外は表記しませんが「（ッ）エー［ʔe:］」のように、びっくりしたときのように息を詰めてから母音を発音すると、語頭の母音の前に声門閉鎖が入ることがあります。ドイツ語などでは語頭の母音の前は、この声門閉鎖が入る発音になっています。

　以下、促音をめぐるさまざまな現象について述べます。

10.7　促音をめぐって

　促音は無音部ですが「カ」と「タ」を単にポーズを空けて発音しても「カッタ」にはならず「カ　タ」になります。「カ」の終了後に閉鎖や母音が断ち切られないと促音にはなりません。なお、「カッパ」など、促音として現れる破裂音は精密には前部の破裂音は開放がない「内破音（無開放閉鎖音）」といわれる音になり、内破音の記号を用いれば［kap̚pa］となります。

　撥音と同様にパ［pa］、タ［ta］、カ［ka］は容易に聞き分けられます。この場合は［p］は/p/、［t］は/t/、［k］は/k/という別の音素に属するわけです。それに対して上述の促音のように内破で口を閉じるだけで発音された場合の［kap］、［kat］、［kak］はすべて「カ（ッ）」となります。この場合の［p］［t］［k］は同じ促音音素/Q/の異音になるわけです。なお、これらの子音に閉鎖の開放の破裂の音である「外破」を加えて発音すれば「カプ」「カトゥ」「カク」のように区別できるのはいうまでもありません。なお、［kap̚pa］の促音の部分の内破音に対し、その後の後続の母音の前の［p］は閉鎖の開放の破裂の音である「外破音」ということになります。

　英語では cut に対して cutter などは促音のように子音が連なって書かれます。これは子音一つで cuter と綴ると、英語の規則でこの場合の母音文字 u は長母音で「キュータ」のように発音されてしまうからです。短母音としての音を保つための子音連続で t も tt も発音は同じ［t］です。

　英語の cat［kæt］は日本語では促音が入った「キャット」となります。それは［æ］など英語の短母音は必ず子音が後に続く「抑止母音（checked vowel）」だからです。これらの母音は「次の子音との間に堅い結合が認めら、日本人の耳には「ッ」のようなものを感じる（中略）さらにしばしば声門閉鎖音［ʔ］が介入」するからということが指摘されています。（竹林滋『英語音声学』1996　研究社　p.227）

　また韓国語には喉頭の緊張を伴った無声の破裂音の「濃音」があります。これはこの促音における破裂音に似ていることが指摘されています。韓国語母語話者が「カタ」の語中の破裂音をいわゆる無気音にあたる「平音」で発音すると、母音間なので「有声音」として「カダ」のように発音しがちです。それを避けるために有声音にならない「濃音」で発音すると喉頭の緊張のせいで「カッタ」のように聞こえてしまうことがあります。

10.8　引く音（長音）

　引く音は、母音を 1 拍分延ばして発音される長い母音の後半部分になります。「長音」とも呼ばれます。発音表記では、延ばす母音の後についた長音記号 [:] の部分に相当します。引く音の音素を /R/ で表記すれば、短母音連続の「枯れ枝 [kareeda]」は /kareeda/、長母音の「カレーだ [kareːda]」は /kareRda/ でミニマルペアになります。ただし前の母音を延ばすという機能のみで音声的には「母音」という共通点のみの音が異音となるので、引く音を一つの音素と認めるかどうかは見解が分かれています。本書では、詳細には踏み込まずに、特殊音素の一つとして扱います。

　他の特殊音素と異なるのは表記上の問題です。外来語などがカタカナで書かれる場合は長音符号「ー」が共通して用いられ、前の拍の母音に応じた異音として発音されます。外来語の場合は本来の言語が持つ「音声」がもとで、それから表記が決定されるということが外来音を日本語化する過程を含めて複雑です。そのため引く音を表す「長音符号（ー）」の部分はその前の拍の母音を延ばして発音することになりますが、表記の慣用を含め注意が必要です。詳細は 1991 年の内閣告示訓令の「外来語の表記」を参照してください。

　外来語以外はいわゆる音をどのように文字にするかという「正書法」の規則に応じて表記されます。以下現在用いられている 1986 年の内閣告示・訓令の「現代仮名遣い」の「長音」の表記をもとに見ていきます。

(1)　ア段の長音はア段の仮名文字に「あ」を添える。
　　例　おかあさん（オカーサン：[kaː.saɴ]）　おばあさん（オバーサン：[ob.asaɴ]）

(2)　イ段の長音はイ段の仮名文字に「い」を添える。
　　例　にいさん（ニーサン：[ɲiː.saɴ]）　おじいさん（オジーサン：[oziːsaɴ]）

(3)　ウ段の長音はウ段の仮名文字に「う」を添える。
　　例　ふうふ（フーフ：[ɸɯː.ɸɯ]）　ちゅうもん（チューモン：[tɕɯː.moɴ]）

(4)　エ段の長音は「エ段の仮名文字に「エ」を添える。
　　例　ねえさん（ネーサン：[neː.saɴ]）　ええ（エー：[e]）
　　なお「付記」に「次のような語はエ段長音として発音されるかエイ、ケイなどのように発音されるかにかかわらず、エ段の仮名に「い」を添えて書く。」とされています（11.8）。
　　例　えいが（エーガ [eː.ga] ／エイガ [eiga]）　とけい（トケー [tokeː] ／トケイ [tokei]）

(5)　オ段の長音はオ段の仮名文字に「ウ」を添える。
　　例　おとうさん（オトーサン：[otoː.saɴ]　とうだい（トーダイ：[toː.dai]）
　　ただし「歴史的仮名遣いでオ段の仮名に『ほ』または『を』が続くものは、オ段の長音として発音されるかにかかわらず、オ段の仮名に『お』を添えて書くものである」とされている。
　　例：氷（旧こほり）：こおり（コーリ [koː.ri] ／コオリ [koori]）　十（旧とを）：とお（トー [toː] ／トオ [too]）

　仮名表記が「とう」でも「塔（トー［to:］）」と「問う（トゥ［toɯ］）では発音が異なります。外来語も慣用でダンスは「バレエ」、スポーツは「バレー」と表記されますが、発音はいずれも「バレー」のことも多いでしょう。また10.4で触れたように、日常の発音では「店員」が「テーイン［te:iɴ］」、「原因」が「ゲーイン［ge:iɴ］」、「全員」が「ゼーイン［dʑe:iɴ］」のように長母音で発音されていることもあります。発音は特に表記に引きずられがちです。音声を考えるときはまずは発音してみることが重要です。実際の発音における長母音化や短母音化などは第11章「環境による音変化」や第13章「リズム」も参照してください。

10.5、10.6　確認問題

問題　促音に関して（　　　）に適切な語句を書きなさい。

　仮名で「っ／ッ」で表記される促音は、撥音と同様に語頭には現れず、（　①　）しながら1拍の長さを持続する音である。

　促音の発音は、後続する音によってさまざまに変わる。それらの音が相補分布するため促音は以下のような異音を持つ一つの音素として考えられる。

　促音の後続音は外来語などを除いて（　②　）の子音である。後続音が口腔の閉鎖を伴う「パ・タテト・カ行」の子音のような調音法が（　③　）や（　④　）の「ツ、チ」の子音の場合、促音は、直前の音（通常は母音）が終わった直後で促音が始まったとき、後続する子音の調音に必要な口腔の閉鎖をはじめ基本的には後続する子音と（　⑤　）が同じ子音の閉鎖部分として現われ無音である。

　それに対し、後続音が口腔の閉鎖がない狭目を伴う「サ・ハ行」のような（　⑥　）の場合は直前の音（通常は母音）が終わった直後で促音が始まったとき、後続する子音の調音に必要な口腔の狭めを作るので基本的には後続する子音と同じ（　⑦　）と（　⑧　）の音として現われ、後続する子音が長く発音されているので音がある。

10.8　確認問題

問題　引く音（長音）に関して（　　　）に適切な語句を書きなさい。

　引く音は、（　①　）が1拍分延ばされて発音される（　②　）の後半部分になり「長音」とも呼ばれる。発音表記では延ばす母音の後についた長音記号（　③　）の部分に相当する。

　ただし「トー［to:］」という音声が、塔なら（　④　）、十なら（　⑤　）のようにさまざまな表記がなされるのにも注意が必要である。さらに「店員」が「テーイン」のように発音されるなどの現象も観察されるので、表記に引きずられずに発音し、実際の発話を観察してみることが必要である。

第 **11** 章 ｜ 環境による音声変化

　言語の音声は、音がただ単純に並んでいるだけではありません。記号で書くとただ並んでいるだけに見えても、前に来る音や後ろに来る音に影響を与えたり与えられたりしています。ある音を調音しようというときには、人間というのは、すでにその次に来る音に思いを馳せていたりするわけです。そのため、ある音を調音している最中に、次に来る音の調音の準備を始めてしまったり、前の音の調音が残ってしまったりすることもあるわけです。

　第9章の五十音図の発音では、口蓋化を含めて一つの拍の中での子音と母音の相互の影響について見ました。また第10章では撥音や促音の発音について見ていく中で、後続する拍と同じ調音の音になろうとする同化現象について見てきました。

　この章では、このような環境による音の変化のうち、単語の中で、ある程度規則的に現れる、日本語の発音を考える上で重要なものを見ていきます。その中でも、まずは『NHK日本語発音アクセント新辞典』(2016)(以下、『NHK　アクセント辞典』)にも発音上の記載がある「母音の無声化」と「鼻濁音（ガ行）鼻音」について見ていきます。

　重要なのは、その後、触れるさまざまな音の変化も含めて、まずは自分の実際の発音がどうであるかをきちんと観察するということです。第1章から第8章までで、音声学の知識を中心に音を扱うための基本を学びました。それをもとに第9章と第10章では日本語の発音がどうなっているかを今までなされていた観察を基にして学びました。その際にも強調しましたが、それを単なる事実として覚える「机上の音声学」が目的ではありません。それを基にして、自分の発音を含めた実際の発音を観察していけるようにならなくてはなりません。その意味で実際の発音に近い問題を扱っているこの章は重要です。「母音の無声化」や「鼻濁音」を含め、この章で扱う内容は今まで以上に個人差を含めて現象の現れ方が異なります。記述を鵜呑みにせずに丁寧に「日本語の音声」に向かい合ってください。

第 11 章のポイント

母音の無声化

　無声子音の直後の狭母音イ/i/、ウ/u/は、無声子音、もしくは語末、文末など無音のポーズの前にあるとき、声帯振動をなくして無声化する可能性がある。そのため「キ、ク、シ、ス、シュ、チ、ツ、ヒ、フ、フィ、ピ、プ」の拍が「カ・サ・タ・ハ・パ行」もしくは促音「ッ」が後続するか、後続音がない場合、その拍の母音がほぼ規則的に無声化される可能性がある。

　言語音は単独に存在するのではなく、音声環境に影響を受けて、変化するのだということを、「母音の無声化」「鼻濁音」などの代表的な音声変化の現象を見ながら理解すること。その理解を基に音声の観察ができるようにすること。

11.1 母音の無声化 🎧 sound 37

　鼻母音で発音される以外の撥音や促音を除けば、日本語の拍には必ず母音が含まれています。例えば「明日（アシタ）」は/asita/という音素連続なので［aɕita］のように発音され、「シ」の部分には母音があるはずです。

　では「あした」という語を、喉仏（声帯のある辺り）に指をおいて発音してみましょう。この語の「し」の拍には母音の「い」が含まれているので、声帯の振動が指に伝わってくるはずです。ところが実際に、「あ」で声帯が振動したあと、「し」をとばして「た」の母音の部分で声帯震動を感じる場合は、この「し」の部分は無声音になっていることになります。「し」の子音は無声音ですが、母音は有声音であるにもかかわらず声帯振動をなくしています。

　このように音韻的には母音があるはずのところで、音声的には声帯振動がなくなっていて母音として発音されていない現象を「母音の無声化」といいます。

　母音の無声化が起こるかどうかは、方言差もあり、また個人差、また個人の中でも話す速さ、文体などによってかなり異なります。また実際の発音では、母音を調音する準備はなされていても声帯振動がなくなっている場合以外に、ほぼ完全に母音がなくなっている場合など、さまざまなものがありますが、ここではそれらも含めて「母音の無声化」としておきます。以下、東京方言をもとにした共通語における無声化について述べます。

11.2 無声化が起こる条件

　『NHK　アクセント辞典』などで説明されているものを含めてほぼ規則的に母音の無声化が起こる可能性があるといわれているのは、「母音がイ/i/またはウ/u/の場合で、そして、その母音の前が無声子音で、後が無声子音もしくは語末・文末などのポーズの前、すなわち後続音がない場合」とされています。

　母音の種類について考えてみると、これらの母音は狭母音で、舌が上顎に近く、母音としては一番子音に近い、聞こえの弱い母音です。またこれらの母音はなくても、もとの拍が復元できるということがあります。これは以下のことを考えてみるとわかると思います。

　英語の desk が日本語では「デスク」となるように、英語の母音がない子音には基本的に母音「ウ/u/」が挿入されています。また子音を単独で読むときのことを考えても「s」は「ス」、「k」は「ク」、「p」は「プ」といったウの段の仮名のイメージになります。「p」を「パ」「ピ」「ペ」「ポ」のようにイメージすることはないでしょう。ですから基本的に子音のみで母音がない場合は「ウの段」の仮名と感じられるので、母音「ウ/u/」が無声化されて聞こえなくても「ウの段の音」として復元できることになります。

　子音に後続する母音が「イ/i/」の場合は口蓋化が起こり、サ行なら「シ」の子音は「サスセソ」の子音とは音色が異なっています。ですから母音「イ/i/」が無声化されて聞こえなくても子音が口蓋化されていれば母音「イ/i/」を伴った「イの段」の音が復元できるわけです。

　語の認識に差し支えないので、前後に声帯振動がないとき、それに同化して、挟まれた母音を無声で発音することにするわけです。

　まとめると「**無声子音の直後の狭母音イ/i/、ウ/u/は、無声子音、もしくは語末・文末など無音のポーズの前にあるとき、声帯振動をなくして無声化する可能性がある**」ということになります。なおアクセントやその他も無声化に影響し、上記の条件があっても無声化が起こらないこともありますが、それは後述します。以下、実際の発音に即して仮名表記をもとに整理していきます。

■ 11.3　無声化が起こる可能性がある拍

　「無声子音の直後の狭母音イ/i/、ウ/u/は、無声子音もしくは語末、文末など無音のポーズの前にあるとき、声帯振動をなくして無声化する」という無声化の条件を拍で考えてみましょう。

　無声子音を持つ行は「カ・サ・タ・ハ・パ行」です。そして無声化する母音はイ/i/とウ/u/ですから、無声化する拍は基本的に直音では「カ・サ・タ・ハ・パ行のイの段とウの段の拍」ということになります。ですから、この段階で無声化が起こる可能性がある拍は「キ、ク、シ、ス、チ、ツ、ヒ、フ、ピ、プ」ということになります。

　それぞれの行の拗音には母音がウ/u/のものがありますが、「シュ」を除いては「キュ・チュ、ヒュ、ピュ」のような短母音では現れず、基本的に母音が長母音の「キュー・チュー・ヒュー、ピュー」の形になるのが普通なので、これらの拍では無声化は通常は起こりません。

　さらに外来語の音のうち、口蓋化した音と異なった子音を持つスィ［si］、ティ［ti］やトゥ［tu］の拍も母音が長母音のことも多く、通常は無声化が起こりません。ただし「フィ」は「オフィス」などで無声化します。以上をまとめると、無声化する可能性のある拍は「キ、ク、シ、ス、シュ、チ、ツ、ヒ、フ、フィ、ピ、プ」の 12 個ということになります。

　これらの拍の母音が無声化するには後続する音に条件がありました。「後続音が無声音の場合」というのは後続音が基本的に「カ・サ・タ・ハ・パ行」ということになります。それに加えて「語末など無音のポーズの前」にあるときです。これら条件に合う拍には、さらに後続音が促音「ッ」であり、そこの音が「無音か無声摩擦音」の場合があります。

　以上をまとめると、ほぼ規則的に**無声化は「キ、ク、シ、ス、シュ、チ、ツ、ヒ、フ、フィ、ピ、プ」の拍に「カ・サ・タ・ハ・パ行」、もしくは「促音（ッ）＋（カ・サ・タ・ハ・パ行）」が後続する場合と、上記の拍が文末・語末などで無音の「ポーズ」の前、すなわち「後続音がない」場合、その前にある「キ、ク、シ、ス、シュ、チ、ツ、ヒ、フ、フィ、ピ、プ」の拍の母音に起こる**」ということになります。

　なお、厳密には後続音が無声音の「カ・サ・タ・ハ・パ行」場合には、拗音「キャ、シャ」などの拗音や「シェ、チェ、ファ」などの外来音の拍も含みます。ただしすべてを挙げるのは煩雑なので、ここではこれらすべてを含む「カ・サ・タ・ハ・パ行の仮名文字で書かれる拍」の意味と考えてください。

　音声表記では「明日［aɕita］」のように、母音の記号の下に小さな丸の補助記号をつけるのが「無声化」の印になります。『NHK　アクセント辞典』では「明日（アジタ）」の「シ」のような無声化する拍を点線の円で囲んで示しています。

　なお「後続音がない場合」は実際の発話において初めて現れる現象です。例えば「茄子（ナス）」の「ス」は、単独で「茄子」といえば無声化しますが「茄子が」ではしません。つまり語としての

無声化とは別の現象なので、上記辞典ではこのような場合は無声化の記号をつけていないことにも注意しておきましょう。

■ 11.4　後続音の違いによる無声化の起こりやすさ 🎧 sound 38

　以上で述べたように「キ、ク、シ、ス、シュ、チ、ツ、ヒ、フ、フィ、ピ、プ」のような拍は無声化する可能性がありますが、ただし、語としての無声化の起こりやすさには後続音によって傾向があることが報告されています。

　後続音は大きく分けると、①「カ・タ・パ行」のような破裂音・破擦音の行と②「サ・ハ行」のような摩擦音の行、③「ッ」のような促音に分かれます。以下、『NHK　アクセント辞典』の記述を参考にしながらその傾向をまとめます。上記辞典では無声化の起こりやすさを無声化が起こりやすいA段階から、起こりにくいE段階までの5段階で評価していますので、それも添えておきます。なお文末・語末などで無音の「ポーズ」の前、すなわち後続音がない場合は、上述のように、語とは別の問題なのでここでは扱いません。

　それぞれに例を添えます。基本的には後述するアクセントによる無声化の阻害が起こらない例にしてあります。無声化は大まかには西の方言では少なく、さらに個人差、および同じ環境でも語による差も大きいので、この傾向とは異なる可能性も多いとは思われますが、□で示した無声化する可能性がある拍の部分が無声化しているかどうか確かめてください。

①後続音が破裂音や破擦音で口腔の閉鎖をともなう「カ・タ・パ行」の場合は基本的に無声化が起こります（NHK：Aランク）。
　　　奇怪（キ̲カイ）、期待（キ̲タイ）　スパイ（ス̲パイ）

②後続音が摩擦音の「サ・ハ行」場合は、①の破裂音の場合よりは無声化が起こりにくく、特に同じ行の摩擦音が並ぶ場合には無声化が起こりにくい傾向が見られます。

　　1)　後続音が「サ行」の場合：「シ、ス、シュ」の拍はほぼ無声化しない（NHK：Eランク）。
　　　　資産（シ̲サン）　　　　裾野（ス̲ソノ）　　　　主催（シュ̲サイ）
　　　　残りの拍はほぼ無声化が起こる（NHK：Bランク）。
　　　　鎖（ク̲サリ）　　　　治水（チ̲スイ）　　　　襖（フ̲スマ）

　　2)　後続音が「ハ行」の場合：「ヒ、フ」の拍はほぼ無声化しない（NHK：Eランク）。
　　　　悲報（ヒ̲ホー）　　　　不平（フ̲ヘー）
　　　　「シ、ス、シュ」の拍は無声化することもある（NHK：Dランク）。
　　　　支配者（シ̲ハイシャ）　　州浜（ス̲ハマ）　　　　主賓（シュ̲ヒン）
　　　　残りの拍は無声化することも多い（NHK：Cランク）。
　　　　区報（ク̲ホー）　　　　地方（チ̲ホー）

③後続の拍が促音「ッ」の場合は無声化することもある（NHK：Dランク）。

切手（キ̲ッテ）　　　切符（キ̄ップ）　　　キック（キ̄ック）　　　しっとり（シ̲ットリ）

NHK放送文化研究所編『日本語発音アクセント新辞典』2016　NHK放送文化研究所
付録　解説資料集　Ⅲ発音アクセント全般について　2.母音の無声化（pp.21-6）を参考に作成

11.5　無声化を阻害する要因　🎧 sound 39

　実際の発音においては、無声化によって語の認識の誤りや聞き取りの困難が起こっては不都合です。例えば、日本語のアクセントは声の高さで区別しますから、高さの変化が起こるところで無声化が起こると声帯振動がないので声の高さがわからなくなり、不都合になります。また無声化する拍が連続している場合に、すべての拍で無声化が起こると、その部分はほぼ子音ばかりになり聞き取りが困難になります。以下、それらの要素を順に見ていきます。

①アクセントの影響

　日本語のアクセントでは高から低への下がり目が重要です。ですから直後に下がり目のある最後の高い拍は無声化しないことがあります。例えば「気風（キ̄フー）」は「低高高」のアクセントなので「キ」は「キ̄フー [kʲiɸɯː]」のように無声化します。それに対して「寄付（キ̄フ）」は「高低」で「キ」のあとに下がり目があるので通常無声化しないで「キフ [kʲiɸɯ]」と発音されます。

　ただし実際の発音においては、直後に下がり目があるにもかかわらず無声化が阻害されずに「ピ̲クニック [pʲikɯɲikkɯ]」のように発音される場合や、無声化を維持するためにアクセントの下がり目を移動させて「ピ̲クニック [pʲikɯɲikkɯ]」のように発音されるケースもあります。このことも含めたアクセントに関する詳細は第12章で扱います。

②無声化する拍の連続

　例えば「副詞（フクシ）」のような語では「フ」「ク」、さらに単独で語末ということを考慮すれば「フクシ」のすべての拍が無声化する可能性があります。ただし通常は「フ」のみが無声化された「フクシ（[ɸɯkɯɕi]）」のような発音がされています。美しい（ウツクシー）も「ツ」と「ク」が無声化する可能性がありますが「ツ」だけが無声化された発音が普通です。

　なお、上記以外に『NHK　アクセント辞典』では「焼麩（ヤキフ）」の「フ」、「もち肌（モチハダ）」の「チ」のような後部要素の独立性がある程度高い複合語の前部要素の最終拍は無声化しないことがあるとしています。ただし「凶悪犯（キョーアクハン）」の「ク」、「下町風（シタマチフー）」の「チ」のような後部要素が一つの漢字で独立感が低い複合語の前部の最終拍は無声化することも多いとしています。

　以下、無声化にするさまざまな事項をまとめておきます。重要なのは自分の発音を含め実際に、無声化がどうなっているかをきちんと確かめることです。

11.6　無声化をめぐるその他の問題 sound 40

●無声化する母音

「イ/i/」「ウ/u/」以外の母音も無声化することがあります。このうち母音「ア/a/」と「オ/o/」は「カカト [kakato/kakato̥]」や「ココロ [kokoro/ko̥koro]」のように「カカ・・・」「ココ・・・」が「低高」のアクセントで始まる語の語頭の「カ」「コ」の拍と、「ハカ [haka/hḁka]」「ホコリ [hokorʲi/ho̥korʲi]」のように同じく「低高」のアクセントで始まり、次に無声子音が後続する語頭の「ハ」と「ホ」の拍において無声化しやすいといわれています。母音「エ/e/」も「セッカク [sekkakɯ/se̥kkakɯ]」などで無声化が見られることがあるとされています。

●無声化する音環境

また無声化が起こる環境として、語頭や文頭などのポーズのあとで「イ/i/」や「ウ/u/」で始まる場合も考えられます。語頭の「イ」が後続音が有声「意地（イジ）」に比べ、後続音が無声の「石（イシ）」がかなり弱いのが感じられると思います。無声化が強く起こる発音では日常的なぞんざいな発音では「行ってきます（イッテキマス）」の「イ」が無声化されほぼ聞こえないような「ッテキマス [ittekimasɯ]」のような発音が聞かれることもあります。

また「娘（ムスメ [mɯsɯme/mɯsɯ̥me]）」や「杉（スギ [sɯgʲi/sɯŋʲi/sɯ̥ŋʲi]）」の「ス」のように後続音が有声音（特に鼻音）のときに先行拍に無声化が起こることがあるとされています。

ただし以上で説明した母音の無声化については、『NHK　アクセント辞典』（1998）では「付録」の「共通語の発音で注意すること」に記載がありますが、同辞典の改訂版である『NHK　アクセント辞典』では特に触れられていません。

ちなみに著者は無声化が強く起こる発音で、上述のほとんどの語が日常では無声化した発音です。まずは自分の発音から始めて、無声化しているかどうか観察してみてください。

●促音化

母音が無声化してほぼ欠如すると、母音の持つほぼ 1 拍の無音状態が無声子音の間に現れるので、促音が入ったのと同じようになります。例えば、「洗濯機（センタクキ [sentakɯkʲi]）」は、「ク」が無声化した「センタクキ [sentakɯ̥kʲi]」から母音がなくなり、促音化した「センタッキ [sentakkji]」という発音がよく聞かれます。

三角形（サンカクケイ／サンカッケイ）、音楽会（オンガクカイ／オンガッカイ）、明子（アキコ／アッコ）など、この現象は口語で多く見られます。

なお「音楽学（オンガクガク）」に対して「楽器（ガッキ）」や、「学問（ガクモン）」に対して「学校（ガッコウ）」となるのは漢字音（入声音）の問題です。「ガクキ」や「ガクコウ」が無声化を経て「ガッキ」「ガッコウ」になったわけではないので注意してください。

第 11 章　確認問題（11.1〜11.6）

問題 1　（　　　）の中に適切な語句を書き込んで、以下の説明文を完成させなさい。

　母音は通常は（　①　）を伴って発音される（　②　）音ですが、前後の音が①を伴わない（　③　）だったり、語末（ポーズの前）にあるために無音だったりするとき、①をなくして発音されてしまうことがあります。このようなとき母音が（　④　）されたといいます。音声記号では母音の下に小さな「○」を添えて示します。

　この現象は母音の中でも口の開きの（　⑤　）前舌の（　⑥　）と後舌の（　⑦　）の二つの母音に規則的に起こります。

　例えば「マスト」という語では、「（　⑧　）」の拍の無声の子音と「（　⑨　）」の拍の無声の子音に挟まれた母音（　⑩　）に起こります。

　「ゴイシ」では「（　⑪　）」の拍の無声の子音とその後に音がない語末（ポーズの前）の母音（　⑫　）に起こります。

　この現象が起こる可能性がある拍は、無声の子音を持つ（　⑬　）行の⑥の子音を持つ（　⑭　）の段の拍と、⑦の子音を持つ（　⑮　）の段の拍である（　⑯　）の10 個、そして拗音の（　⑰　）の拍、外来語の音の（　⑱　）の拍です。

　さらにこの拍の直後に⑬の行が来るか、語末（ポースの前）である場合に無声化する条件が整い、この現象が起こることになります。

　ただし、これは条件がそろえば必ず起こる現象ではなく、方言差、話す速さ、疑問文で文末を上げるなどのイントネーション、アクセントの下がり目の位置などに影響を受けて起こらないこともあります。

問題 2　以下の語で規則的に無声化する可能性がある拍があればそれを指摘しなさい。

1　書き下し　　2　薬指　　　　3　押し詰める
4　健やか　　　5　新築祝い　　6　五月晴れ
7　引き算　　　8　節穴　　　　9　分泌物
10　満腹度　　11　宿題　　　12　オフィス

🎧 **聴解問題**

練習 1　**sound 41**　無声化した母音を含むのは a、b どちらか答えてください。
1（　）　2（　）　3（　）　4（　）　5（　）
練習 2　無声化している母音を含む拍を四角で囲みなさい。
1 回目　**sound 42**
ピカリとひかったためをし、プカリとタバコをふかしたあいつ。
2 回目　**sound 43**
ピカリとひかったためをし、プカリとタバコをふかしたあいつ。

11.7　ガ行鼻音（鼻濁音） sound 44

11.7.1　ガ行鼻音（鼻濁音）とは

　ガ行の子音は、語頭では有声軟口蓋破裂音（［g］）で発音されますが、母音に挟まれている語中では、閉鎖が緩み有声軟口蓋摩擦音（［ɣ］）で発音されていることも多く観察されます。ただしそれ以外に、**語中でガ行の子音が有声軟口蓋鼻音（［ŋ］）で発音されていることがあります。その場合に、そのガ行は「ガ行鼻音（鼻濁音）」で発音されたといわれます。**

　このように語中の濁音が鼻音で発音されるのは、歴史的には、ガ行以外にもバ行やダ行にも見られ、語中で前に短い鼻音がついて前鼻音化された「前鼻音化有声破裂音（［ᵐb］［ⁿd］［ᵑg］）」が発音されていたとされています。今でも東北の方言の一部には語中の清音が濁音化するので「柿（カキ：［kagʲi］）」に対して本来の濁音は鼻音化された音で「鍵（カ゚ギ［kaᵑgʲi］）／［kanʲi］）」のように発音する方言があります。この方言では鼻濁音かどうかで意味を区別することになります。このような方言では同様に有声化する「的（マド：［mado］）」に対して、本来の濁音は鼻音化し「窓（マ゚ド：［maⁿdo］）」のように鼻にかけて発音されます。またバ行も「首（クビ：［kuᵐbi］）」のような発音が見られます。本来濁音は、このように鼻にかかった（鼻音化した）濁音であったらしく、これが本来の「鼻濁音（前鼻音化有声破裂音）」です。

　これらの音のなかには「牛蒡（ゴ゚ボウ［goᵐbo］）」が撥音化して1拍になり「牛蒡（ゴンボウ［gombo:］」のようになる語もありました。しかし完全に鼻音になると「［ᵐb］」は［m］になりマ行と同じに、［ⁿd］は［n］でナ行と同じになるので、これらは鼻音ではなく有声破裂音になっていきました。今では［b］の前鼻音［ᵐb］は、おおむね東北地方に限られ、［d］の前鼻音［ⁿd］は、東北以外に四国から紀伊半島南部にも多少見られるだけとされています。

　それに対して、ガ行だけが前鼻音化された［ᵑg］が鼻音［ŋ］になり、この音はガ行の子音の異音として認識されるので消えることなく「ガ行鼻音（鼻濁音）」として最後まで残ったとされます。日本全国に広く分布しますが、東日本に多く西日本に少ないとされています。

11.7.2　現代の共通語発音における「ガ行鼻音（鼻濁音）」

　いわゆる共通語が決まるときに、そのもととなった言葉が、「ガ行鼻音（鼻濁音）」が残っている東京の山の手の言葉であったため、以前はこれを使うのが発音の標準のようにも思われていることもありました。しかし上記のように「ガ行鼻音（鼻濁音）」は日本語全体としては使われていない地域も多く、また鼻濁音かどうかで語の意味が変わることがないので、他の行の鼻濁音に見られるように、歴史的には、なくなる方向へ変化してきている音です。特に若い世代では、あまり使われなくなりつつあるとされます。

　以上のようなことも含めても、自分の母語としての方言での在り方や年齢差を含めて、「ガ行鼻音（鼻濁音）」に対する態度はさまざまです。しかしながらまた話すことを仕事にしているような場合を含め、現状ではなくなっていません。そのようなことも含めて、以下、共通語での鼻濁音が現れる傾向についておおまかに述べておきます。ただしこの傾向に従って「ガ行鼻音（鼻濁音）」を用いるのがいいとか、標準であるとか、正しいとかの価値判断は一切含まれてはいないことに注意してください。

■ 11.7.3 「ガ行鼻音（鼻濁音）」の現れる傾向

音声環境や語種、語構成などさまざまな要因が影響します。以下、その傾向を述べます。仮名では半濁音をつけた「カﾟ」を「ガ行鼻音（鼻濁音）」の表記として用い、「ガ行鼻音（鼻濁音）」ではないものを「普通のガ行音」と区別します。

1 語頭に現れる「ガ行」

語頭のガ行音はいわゆる「普通のガ行音」の「有声軟口蓋破裂音［g］」が現れます。鼻濁音が現れることはありません。：画廊（ガロー［gaɾoː］）、現代（ゲンダイ［gendai］）

例外：本来、語頭に来ない語中や語末にある要素が引用されるなどして「『が（カﾟ［ŋa］）』は格助詞です。」などのように語頭に現れる場合は、「ガ行鼻音（鼻濁音）」でもよいとされます。

2 語中・語尾に現れる「ガ行」

語中・語尾のガ行音は原則的には「ガ行鼻音（鼻濁音）」の「有声軟口蓋鼻音［ŋ］」が現れます。助詞の「が」もガ行鼻音になります。：上げる（アケﾟル［aŋeɾɯ］）、家具が（カクﾟカﾟ［kaŋɯŋa］）

語頭のカ行が、複合語の後部要素になったときに連濁によって生じたガ行音も原則的には「ガ行鼻音（鼻濁音）」です。：人型（ヒトガタ［çitoŋata］）、薄曇り（ウスクﾟモリ［usuŋɯmoɾʲi］）

例外1（語種）：外来語では語中・語尾に現れても「普通のガ行音」で発音される。

セネガル（セネガル［senegaɾɯ］）、ハンバーグ（ハンバーグ［hambaːgɯ］）

★原語の発音で鼻音の場合は「ガ行鼻音（鼻濁音）」で現れる。

シンガー（シンガﾟー［çiŋŋaː］）、セッティング（セッティンクﾟ［settiŋŋɯ］）

★日本語として定着している語にはガ行鼻音（鼻濁音）が現れるものがある。

イギリス（イキﾟリス［iŋiɾʲisɯ］）、じゃがいも（ジャガﾟイモ［dʑaŋaimo］）

オルガン（オルガン［oɾɯgaɴ］／オルガﾟン［oɾɯŋaɴ］）など

例外2（語構成）：複合語で、「ガ行」の前に語構成上での「境目」が残り、独立要素が連なって感じられる場合は「普通のガ行音」で発音される。

まぜ御飯（マゼゴハン［mazegohaɴ］）、鶏ガラ（トリガラ［toɾʲigaɾa］）

黒胡麻（クロゴマ［kɯɾogoma］）、高等学校（コートーガッコー［koːtoːgakkoː］）

★境目の意識が弱まって一語のように感じられる場合は「ガ行鼻音（鼻濁音）」で発音される。

小学校（ショーガﾟッコー（çoːŋakkoː］）、管楽器（カンカﾟッキ［kaŋŋakkʲi］）

金管楽器（キンカンガッキ［kʲiŋkaŋgakkʲi］／キンカンカﾟッキ［kʲiŋkaŋŋakkʲi］）

例外3（接頭辞）：接頭辞「御（オ・ゴ）」の次のガ行音は「普通のガ行音」で発音される。

お元気（オゲンキ［ogenkʲi］）、お具合（オグアイ［ogɯai］）、御学友（ゴガクユー［gogakɯjɯː］）

★接頭辞でも「不」や「非」などの次のガ行音は、「普通のガ行音」も「ガ行鼻音（鼻濁音）」も発音される。

不合理（フゴーリ［ɸɯgoːrʲi］／フコﾟーリ［ɸɯŋoːrʲi］）

非合法（ヒゴーホー［çigoːhoː］／ヒコﾟーホー［çiŋoːhoː］）

例外 4（数詞）：数詞の「五」は語中・語尾に現れても「普通のガ行音」で発音される。

　　五十五（ゴジューゴ [gozɯːgo]）　15 階（ジューゴカイ [dʑɯːgokai]）

　★ただし数の意味が薄れて、普通の語の一部として使われている場合は「ガ行鼻音（鼻濁音）」
　　で発音される。

　　七五三（シチゴサン [ɕitɕiŋosaɴ]）、十五夜（ジューゴヤ [dʑɯːŋoja]）

例外 5（重ね言葉）：擬声語、擬態語、漢語などの重ね言葉のガ行音は同音の反復を保つため「普
通のガ行音」で発音される。

　　ガラガラ（ガラガラ [garagara]）、侃々諤々（カンカンガクガク [kaŋkaŋgakɯgakɯ]）

　以上、原則を挙げましたが、実際の発音では地域・年代による揺れも多く、辞典などの記載でも
相違があります。個々の語については発音・アクセント辞典なども参照してください。

参考　 **sound 45**

　筆者の娘に鼻濁音の「鍵（カギ：[kaŋʲi]）」の発音を聞かせ「何て言った」と聞いたところ「蟹
（カニ [kaɲi]）」だと言われました。これはガ行の「ギ、ギャ、ギュ、ギョ」は、子音が口蓋化の
影響で調音点が硬口蓋に近いか、人によってはほぼ硬口蓋までずれています。これが鼻濁音で発音
されると、鼻濁音を使わない人はこれを口蓋化で歯茎硬口蓋から硬口蓋に調音点がずれているナ行
「ニ、ニャ、ニュ、ニョ」の鼻音と混同することになるわけです。

　実際に口蓋化が強く起こる人に鼻濁音の「鍵（カギ：[kaŋʲi]）」と「蟹（カニ [kaɲi]）」をラン
ダムに発音してもらって、後でどっちかを判断してもらったら、他人だけでなく本人も混同するこ
ともありました。

11.8　母音をめぐる問題（母音の連続）　 **sound 46**

●同じ母音の連続と長母音

　「青い家（アオイイエ [aoiie]）」など、日本語では母音が連続することあります。極端な例では
一つの母音「オ（ー）」で「王を追おう（オーオオオー [oːoooː]）」や「尾を覆おう（オオオオオ
ー [oooooː]）」という文も作れます。

　短母音が二つの「枯れ枝（カレエダ [kareeda]）」と長母音の「カレーだ（カレーダ [kareːda]）」
は発音意識の上では差があります。しかし実際の発音では、よっぽど丁寧に拍を切るようにして発
音しない限りは、ともに長母音に近く「カレーダ」のように発音されていることも多いようです。

　区別して発音しようとして「王（オー [oː]）」ではなくて「尾を（オオ [oo]）」のように言った
場合、母音と母音をきちんと切るために声帯が閉じ、声門閉鎖（破裂）音が間に挟まった「尾を
（オッオ [oʔo]）」のような発音になりがちです。

●異なった母音の連続と重母音

　異なった二つの母音が連続する場合でも、基本的にはそれぞれの母音は別の拍に属するので、別
の母音が連続したつながりを形成することになります。これは英語などに見られる重母音とは別の

ものです。

　「愛」［ai］と「I」［ai］の発音の仕方を比べてみましょう。日本語の「愛」は［a］と［i］を切って発音することもできます。続けた場合でも、まず舌は［a］の調音位置をとり、そこで母音［a］が発音されます。次に舌はすぐに［i］の位置へ移動し、その［i］の舌の位置で今度は［i］が発音されます。

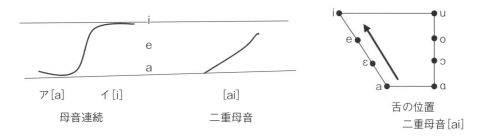

母音連続　　　　　　　二重母音　　　　　　　　舌の位置
二重母音［ai］

　それに対して、英語の「I［ai］」は［a］と［i］を切って発音することはできません。二重母音［ai］は日本語のように舌が［a］や［i］の位置で、動かないで発音される瞬間がない音であり、舌の出発点［a］から、到達目標点である［i］を目指して舌を動かしながら発音する音で、音色がだんだん変わっていく音です。このように母音連続と重母音では、まったく発音の仕方が違うので注意が必要です。ですから母音図では二重母音は舌の位置が矢印で書かれます。

●**母音の融合**

　日本語には基本的に二重母音はありませんが、後半が［i］の連母音は二重母音に近い発音がされることがあります。二重母音として発音された時には［i］は単独では音節を形成できないので「恋」などは2拍ですが1音節になります。共通語は拍（モーラ）を単位とする「モーラ方言」の一種ですが、音節を単位とするシラビーム方言と呼ばれる方言では撥音、促音、引く音とともに、このように二重母音化した［i］も1音節とした数え方をします。

　さらに［i］を伴う連母音はさまざまな方言で、前の母音と合成された一つの音として発音されます。東部方言や九州では［ai］は［e（ː）/ε（ː）］で「大根」が「デ（ー）コン」のように発音されます。名古屋方言では［ai］は英語の cat の母音に似た［æ］として「赤い」が「アキャー」のようになります。さらに名古屋では［oi］が［ø］のように発音され、「疎い」が「ウトェー」となり、［ui］が［y］のように発音され、「丸い」が「マリィ」となり、音声的には母音が八つある方言となっています。

　歴史的な変化では、母音連続「アウ［au］）」が「開音」と呼ばれる口の開きが広い「オー［ɔː］」、「おう［ou］」などが「合音」と呼ばれる口の開きが狭い「オー［oː］」になりました。この「開合の区別」は方言に残っている例もありますが、現代語では区別なくオ段の長音になっています。

　共通語でも日常会話に見られるものには以下のような融合の例があります。

1.　［ai］　→　［eː］　　　うまい　→　ウメー　　　つらい　→　ツレー
2.　［oi］　→　［eː］　　　すごい　→　スゲー　　　おもしろい　→　オモシレー
3.　［ɯi］　→　［iː］　　　熱い　→　アチー　　　寒い　→　サミー
4.　［ae］　→　［eː］　　　帰る　→　ケール

拍数が変化する縮約形では以下のようなものが見られます。

   5.　［eo］　→　［o］　　　読んでおく　→　読んドク
   6.　［ea］　→　［a］　　　買ってあげる　→　買っタゲル

　なお「引く音」でも述べましたが、エ段の長音は「エ段の仮名文字に『エ』を添える。」として「ねえさん（ネーサン：［neːsaɴ］）、ええ（エー：［eː]）」が挙がっていますが、実際にはこの表記で長音［eː］が現れるのは、ほぼこの 2 語のみです。

　長音［eː］が現れるのは、表記上はエ段の仮名に「い」を添えて書かれる「映画（エーガ［eːga］／エイガ［eiga］）」「時計（トケー［tokeː］／トケイ［tokei］）」のような語になります。これらの語の［ei］という母音連続は［ei］とも発音されますが、長母音の［eː］という発音が一般的な語も多く見られます。

参考 1　辞典における発音表記

　このような「エ段に続くイ」に関しては「引く音」の発音は、多くの辞典で発音の説明の項目での指摘のみで辞典の表記上は現れていませんが、『NHK　アクセント辞典』では「自然な発音で引く音の場合は長音記号（ー）で示す」ことになりました。

　また『日本国語大辞典　第 2 版　小学館』（2003）では、特別な記号を使って以下のような両方の発音が読み取れるようになっています。

   丁寧（ていねい）　　発音　テイネイ［teinei］　　　テーネー［teːneː］
   悲しい（かなしい）　発音　カナシイ［kanaɕiː］　　カナシー［kanaɕiː］
   食う（くう）　　　　発音　クウ［kɯɯ］　　　　クー［kɯː］

参考 2　以下のふりがなのように、旧仮名遣いでは、ある程度まで保たれていた原語音も、現代語では［koː］（現代仮名遣い「こう」）になり同音になってしまっています。（西尾実・時枝誠記監修『国語教育のための国語講座 4　語彙の理論と教育』朝倉書店（1958）p. 84）

  高［kau］　口［kou］　航［kaŋ］　光［kuaŋ］　公［koŋ］　甲［kap］　劫［kop］
  （かう）　（こう）　（かう）　（くわう）　（こう）　（かふ）　（こふ）

　例えばそのため、本来は異なる発音で区別されていた「こうしょう（コーショー）」などは 40 を超える同音異義語があります。

●長母音の短母音化、短母音の長母音化

　日本語では「すじ」と「すうじ」のように、長母音と短母音の区別は意味の区別に関与するので、勝手に変えることはできません。しかし日常の発音では「どこの学校（ガッコ）出たの。」「次の体育（タイク）休講だって。」など、長母音が短母音になる現象がかなり頻繁に見られます。

　語によっては、表記からは長母音のはずですが、「本当（ホント）なの。」「面倒（メンド）くさい。」「格好（カッコ）いい。」など、話し言葉では短母音の方が普通で、あらためて考えて、もとが長母音だとわかるものもあります。

　詳細は第 13 章の「リズム」で述べますが、2 拍のリズムを守るため、曜日や数字を読むときに

「月火（カー）水木」「1、2（ニー）、3」のように1拍の「火（カ）、2（ニ）」を長母音で発音して2拍にしたり、3拍の「20（ニジュー）」を「26（ニジュロク）」のように短母音で2拍で発音することがあります。

●拗音の直音化

「下宿（ゲシュク）」は「ゲシク」、「技術（ギジュツ）」は「ギジツ」のように発音されることがあります。このように「シュ、ジュ」という拗音が「シ、ジ」と直音で発音される現象を「拗音の直音化」といいます。音声的には母音 [ɯ] が母音 [i] になる現象です。

前が歯茎音の時、次の母音 [ɯ] が中舌化する現象と同様に、口蓋化した子音を持つ拗音においても母音「ウ [ɯ]」は少なからず中舌化し、「イ [i]」に舌が近くなっているのも原因の一つです。

「輸出、半熟、手術、宿題、外出」など、自分の発音を観察してみてください。筆者は東京方言の話者で以上の語はすべて直音化した「ユシツ、ハンジク…」のような発音です。

なお以前は発音しにくい場合は「シ、ジ」に近い発音が認められていましたが、『NHK　アクセント辞典』（1998）においても「東京の方言では」との記述があるように、関東などの方言的な発音とされ、近年減少傾向にもあり拗音での発音が基本となっています。

ただし『NHK ことばのハンドブック第2版』のコラムでは、「出典（シュッテン→シッテン：失点）」のように別のことばになる場合は別として、特に発音しにくいものとして「下宿、野宿、宿題、学習塾」のような語においては「シ」「ジ」に近い発音をしてもよいことにしているという内容の記述があります。

日常発話では「福岡（フコーカ）、NHK（エネッチケー）、手術（シーツ）」などの発音も見られます。このように純粋に音に注目した「音（声）としての言葉」の観察のここまでの学習で準備ができたことになります。

第11章　確認問題（11.7、11.8）

問題　（　　　　）の中に適切な語句を書き込んで、以下の説明文を完成させなさい。

ガ行の子音は、語頭では（　　①　　）で発音されますが、母音に挟まれている語中では、閉鎖が緩み（　　②　　）で発音されていることも多く観察されます。ただしそれ以外に語中で（　　③　　）で発音されていることがあります。その場合にそのガ行は「ガ行鼻音（鼻濁音）」で発音されたといわれます。

語頭のガ行音は①が現れます。語中・語尾のガ行音は原則的には「ガ行鼻音（鼻濁音）」の③が現れます。ただし語種で言えば（　　④　　）、また語構成上での「境目」が残り独立要素が連なって感じられる場合、そして数詞の（　　⑤　　）、擬声語、擬態語、漢語などの重ね言葉のガ行音は鼻濁音にはなりません。

コラム 5 ｜ 五十音図で把握する日本語の子音、撥音の異音、母音の無声化

■1　五十音図で把握する日本語の子音（「カサタナパマヤラワ」の順で「ハ」の代わりに「パ」と考える。）

①子音の調音点は口の奥から前に「カ行」は軟口蓋、「サ行、タ行、ナ行」は歯茎、「パ行、マ行」は両唇。
②濁音の子音は対応する清音の子音と同じ調音点。ただし「バ」は「パ」の濁音と考えること。
③歯茎音（ラ行以外）のイの段の子音は口蓋化で調音点が歯茎硬口蓋になる。
④「ハ行」は「ハヘホ」は「声門」、「ヒ」は「硬口蓋」、「フ」は「両唇」。
⑤ラ行は「歯茎」のはじき音、ヤ行は「硬口蓋」、ワは「軟口蓋」の接近音（半母音）。

　調音法：表の上から「摩擦音」「破裂音」「鼻音」　例外　破擦音：チ・ツ、ザ行（語頭）
　声帯振動の有無：「カサタハパ行」の子音が無声音。残りの行の子音は有声音。

①後ろから五十音順

両唇	歯茎		軟口蓋
	サ		
パ	タ		カ
マ	ナ		

②濁音を加える

両唇	歯茎		軟口蓋
	サ ザ		
パ バ	タ ダ		カ ガ
マ	ナ		

上顎＝口蓋　→ （前側）（後側）
　　｜　硬口蓋　｜　軟口蓋

歯茎　　歯茎硬口蓋
↑調音点のとき↑
舌が平ら　　舌が盛り上がる

③イの段をずらす

両唇	歯茎	歯茎硬口蓋	軟口蓋
	サ ザ	シ ジ	
パ バ	タ ダ	チ ヂ	カ ガ
マ	ナ	ニ	

④ハ行を加える

両唇	歯茎	歯茎硬口蓋	軟口蓋	声門
フ	サ ザ	シ ジ	ヒ	ハヘホ
パ バ	タ ダ	チ ヂ	カ ガ	
マ	ナ	ニ		

⑤ヤラワ行を加える

両唇	歯茎	歯茎硬口蓋	軟口蓋	声門
フ	サ ザ	シ ジ	ヒ	ハヘホ
パ バ	タ ダ	チ ヂ	カ ガ	
マ	ナ	ニ		
		ラ	ヤ	ワ

まとめ

（★無声音：「カサタハパ行」の子音）

	両唇	歯茎	歯茎硬口蓋	硬口蓋	軟口蓋	声門
摩擦音	フ	サスセソ ザズゼゾ	シ ジ	ヒ		ハヘホ
破裂音	パ行 バ行	タテト ツ ダデド	チ （ヂ）		カ行 ガ行	
鼻音	マ行	ナヌネノ	ニ		ガ行（鼻濁音）	
	（はじき音）ラ行		（半母音）ヤ行		ワ（半母音）	

破擦音
｛ザ行：「ン・ッ」の直後と語頭
　ツ・チ

←撥音の異音（2 参照）

■2　撥音「ン」の異音

「ン」の直後の文字と同じ縦の列にある（調音点が同じ）鼻音
　ただし、直後が母音（ア行）、半母音（ヤ・ワ行）、摩擦音（サ・ハ行）の場合：「鼻母音」
　直後に文字がない（語末・ポーズの前）場合：「有声口蓋垂鼻音（[ɴ]）」

■3　無声化する可能性のある拍の判定法

①無声子音を持つ拗音を含む「カサタハパ行」に下線をつける。
②下線部の直音「イ・ウ段（キクシスチツヒフピプ）」と、「シュ、フィ」に丸をつける。
③丸のついた仮名で下線の前か、次に音（文字）がない場合にその拍が無声化する可能性がある。

例　　　や き　　てんか す　　さが し もの　　なまごみ　　こさか
　　　　○○　　　　　○　　　　×↑有声　　対象拍無し　対象母音無し

第 **12** 章 | アクセント

　音声の持つ特徴のうち、個々の音（分節音）のまとまりに、かぶさるように現れる高さ・強さ・長さなどの特徴のことを「超分節的特徴（suprasegmental feature）」といいます。「プロソディー（prosody）」という用語でも呼ばれるこの特徴は、具体的にはアクセント、イントネーション、リズムなどを指します。アクセントはこの章で、イントネーションとリズムは第 13 章で扱います。

　日本語のアクセントを考えたときに、例えば、東京の方言をもとにした共通語では「雨（アメ）」を「ア」を高く「メ」を低く「アメ」のように発音します。その反対に「ア」を低く「メ」を高く「アメ」のように発音した場合は「飴」と言ったことになります。

　それに対し英語では「present」を /préznt/ のように前にアクセント置くと名詞、/prizént/ のように後ろにアクセントを置くと動詞になりますが、この場合のアクセントは「強さ」の違いになります。大まかに言って、このような高低や強弱の配置が語のアクセントです。

　高さや強さといっても男性の基本的な声の高さ（100 ヘルツ〜）と女性（200 ヘルツ〜）では、声の高さが倍くらい違います。また基本的な声の大きさも違います。ですから高さだったら何ヘルツ以上が「高い」とか、強さだったら何デシベル以上が「強い」とか、絶対的な基準で決まっているわけではありません。並んだそれぞれの中での高さや強さの相対的な違いを聞き取って判断しているわけです。「アメ」なら「ア」と「メ」を比べたときの高さの変化です。

　また、しゃべっていくと、だんだんと声の高さは下がっていきます。そのため「低高」のアクセントで読んだ語の、高いはずの音が、実際は低の部分より低いということもあり得ます（本章末コラム参照）。

　それでも、日本語母語話者は、普通、これを「高い」か「低い」かの 2 段階に分類して聞いているというわけです。辞書に記述されているアクセントは、音韻のレベルであるということにも十分気をつけておきましょう。

第 12 章のポイント

共通語のアクセント：拍を単位として高低 2 段を配置する高さ（ピッチ）アクセント
　配置規則Ⅰ：1 拍目と 2 拍目とは必ず高さが異なる。
　配置規則Ⅱ：1 語の中で高の拍は連続した 1 カ所のみである。
アクセント核：高から低へ変わる場合の最後の高い拍に「アクセント核」がある。ただし特殊音素の拍、連母音の後部の拍にはアクセントの核は来ない。n 拍の名詞には n＋1 通りの型があり得る。
　平板型（アクセント核なし）、（核が）最初の拍：頭高型、最後の拍：尾高型、それ以外：中高型
アクセントの機能：「弁別機能（語を区別する）」と「統語機能（語の切れ目を示す）」

12.1 アクセント（定義と分類）

　ある音節の音の大きさ（loudness）が増大する現象を「強勢（stress）」といいます。強勢を受けた音節は音が大きくなるとともに必然的に多少音の高さ（ピッチ：pitch）が高まります。さらに母音の長短によって語の意味を区別しない言語では自動的に長くなる傾向があります。語強勢（word stress）のほか句強勢（phrase stress）や文強勢（sentence stress）もあります。

　言語によっては語中の強勢の位置が決まっているものがあります。チェコ語は強勢が必ず語の最初の音節にあります。またフランス語では基本的に語の最後の音節に強勢があります。このようにどの単語でも同じ位置に強勢が来る言語を「固定強勢（fixed stress）」の言語といいます。固定強勢の言語では、語と語の境目を示す働きをするため、強勢の位置が語の最初の音節か最後の音節であることが多いようです。それに対して日本語は強勢の位置が語によって異なる「自由強勢（free stress）」の言語です。自由強勢の言語ではしばしば強勢の位置のみで語の意味が区別されます。

　語（または句や文）において特定の音節が、音の大きさ、音の高さ、音の長さ（length, duration）などの働きで他の音節より聞こえが際立っているとき、その音節にアクセント（accent）があるといいます。英語のようにこのアクセントをもたらす際立ちが音の大きさによるときには「強さ（強勢、ストレス）アクセント（stress accent）」と呼び、日本語のように主として音の高さによるときには「高さ（ピッチ）アクセント（pitch accent）」といいます。

　なお同じ声の高さの変化でも中国語の四声のように［ma］などの一つの音節の中での高さ（ピッチ）の変動で語の意味が区別される場合は「声調（トーン：tone）」と呼ばれます。

　ただし「アクセント」という用語は、実際にはさまざまな使われ方がされています。音以外でも何かあるところが目立たせるようなとき、「アクセントを置く」のように言うこともあります。音に関しても一般的には文の抑揚のイントネーションと区別なく使われたり、「彼はアクセントが変だ。」のように発音上の訛を含む特徴を指す場合にも使われています。

　専門的にも英語圏では、強さアクセントを「アクセント」または「ストレス」、高さアクセントを「トーン」と呼ぶことも多いです。翻訳でもそのような訳語が使われていることもあります。上記を含むアクセントの定義や用語の使われ方の詳細は『音声学基本事典』（城生他　2011「アクセント」p. 305-11）などを参照してください。

　日本語では「強勢」「ストレス」という用語はあまり用いられません。基本的に「アクセント」が用いられて「固定アクセント」、「自由アクセント」や「句アクセント」、「文アクセント」という言い方が一般的です。

　この章で扱うのは日本語の「語アクセント」です。ですから、**アクセントを持つ単位は基本的には「語」**です。そして、同じ語でも「雨」が関東では「アメ」と関西では「アメ」となるように語が本来持っている必然的なものではなく、**同じ言語変種を用いる言語共同体において恣意的に、いわば習慣で決まっている**ものです。そして発音される**高さの相対的な違いを聞き取っています。**

　まとめると、これから扱う日本語の**アクセントは概ね「語について社会的慣習として恣意的に決まっている相対的な高さの配置」**ということになります。

　なお「句アクセント」や「文アクセント」に相当する現象は第13章で触れます。

12.2 共通語のアクセントの特徴

　ここでは、標準的なアクセントと考えられている東京方言をもとにした日本語のアクセントについて解説します。以下の「（共通語の）アクセント」は、このアクセントの体系を指します。

　日本語は「高さアクセント」で、共通語のアクセントでは語の中で「高から低へ下がるか下がらないか」、そして「下がる場合はどこで下がるか」がアクセントの区別に重要です。そして、この高さの変化は、基本的には拍と拍の間で起こります。そのため、通常アクセントは下がる前の拍を「高」、下がった後および上がる前の拍を「低」と考えて、**「拍を単位とした高低2段の配置」**として考えます。辞書の解説などでアクセントを以下のように表記するのも、基本的にこのような考え方によるので、まずは、この考え方で共通語のアクセントを見ていきます。

　アクセントを配置する単位は拍で、高低の高さの変化は、基本的には拍と拍の間で起こるので、共通語では「雨」は「あ」の拍が「高」、「め」の拍が「低」のように「高低」の配置、「飴」は逆に「低高」の配置になります。ただし、高低の配置といっても高低が自由に配置されているわけではありません。共通語のアクセントの配置には以下のような規則があります。

規則Ⅰ　語を単独で個々の拍を意識して丁寧に発音したときには、語の最初の二つの拍の高さは異なる。

　すなわち2拍目に向かって上がり、第1拍目が「低」で第2拍目が「高」のようになるか、1拍目の後に下がり、1拍目が「高」で2拍目が「低」になるという配置しかありません。ですから共通語では（A）や（B）のような始まり方をする単語はありますが、（C）や（D）のような始まり方をする単語はありません。

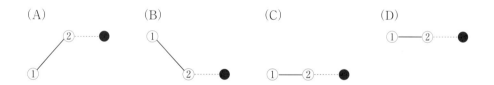

　なお、自分で発音してみてアクセントの配置を考えるときは注意が必要です。章末のコラム6でも触れますが、声の高さは無段階的に変化します。それを「高」「低」の2段にして配置したアクセントは、いわば音韻的なもので、それが音声として典型的に現れるのは、丁寧に拍ごとに切るような形で読んだときです。ですから単語のアクセントの配置を考えるときには、丁寧に拍ごとにきちんと切った形で考えてみましょう。

　特に「コーヒー」のような2拍目が「引く音」、「コンポート」のような2拍目が「撥音」の場合に注意が必要です。拍ごとに切って丁寧に「コ・オ・ヒ・イ」や「コ・ン・ポ・オ・ト」のように発音したときは、1拍目と2拍目の高さが異なる「低高…」という標準的な形として感じられるでしょう。ただし普通の速さで続けて「コー…」「コン…」のように発音したときは「低高…」ではなく、2つの拍がまとまって「高高…」で発音されているように感じられるかもしれません。また「コッペパン」のような2拍目が「促音」の場合は、2拍目の「ッ」には音がないので意識として

は「ッ」が上がっているように感じられても実際に音が上がって「高」になるのは3拍目になってしまいます。

　また単語としては「低高高低」という配置の「か<u>たか</u>な」も「低高」の「<u>こ</u>の」という言葉をつけて、一つの単語のように発音すると「低高高高高低」の「<u>こ</u>のかたかな」と発音されます。もとの「かたかな」の最初の「か」の「低」は現れずに「かたかな」の部分は「高高高低」で1拍目と2拍目の高さが同じになります。このように規則Ⅰは厳密には単語ではなく、ひとまとまりに発音される単位に関するものとしても考えられます。このことの詳細は、この章では、これから述べるアクセントの型の記述、およびそれから発音を導く手順で、さらに第13章で文全体の抑揚であるイントネーションに関わる問題として触れます。

　ただし、意識の上では「高低…」で始まる語以外では、基本的に2拍目を上げて「低高…」と始める意識が現れるので、共通語のアクセント配置として「**語の最初の二つの拍の高さは異なる**」という規則があると考えておきます。ただし「**2拍目が、撥音（ン）、長音の拍の場合、上がり方は小さく、1拍目からいきなり高いように発音されることも多い。2拍目が促音「ッ」の拍の場合、2拍目にかけて上がる印象はなく、3拍目から高くなるように聞こえる**」ということは知っておくと良いと思います。

規則Ⅱ　一つの語の中に現れる「高」の部分は連続していなければならない。一語の中で離れた2カ所以上に「高」が現われ、山が二つできたり、間に谷ができたりする語はない。

　例えば3拍の語に高低を配置すると、各拍に高低の可能性があるので、以下の8通りの可能性があります。

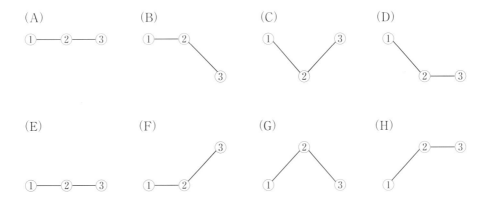

　このうち、左側の4つ（A、B、E、F）は1拍目と2拍目の高さが同じになり、規則Ⅰに反するので、共通語には存在しない形です。（C）は「高」の拍が離れた2カ所で山が二つ、谷がある形なので規則Ⅱに反するので、これも標準語には存在しない形です。ですから3拍の単語として共通語に存在する型は（D）（G）（H）の3種類になります。

　なお（A）「高高高」と（E）「低低低」は、それぞれ別の型のように書いてありますが、発音上は相対的な変化がないので同じ型と考えられることに注意しましょう。

12.3 アクセントの機能

　アクセントには、どのような役割があるのでしょうか。「雨（高低）」と「飴（低高）」は音のつながり方は同じで、**アクセントの違いで語を区別しています。これをアクセントの弁別機能といいます。**弁別機能が働くためにはアクセントの型が多い方が便利です。しかし上の3拍の例でもわかるように、共通語では規則Ⅰがあるせいで型が少なくなって不利になります。

　しかしこの規則Ⅰが有効に働く場合があります。ある文の途中に次のようなアクセントの変化があったとしましょう。

　これが一語だとすると「高」が離れて2カ所あるので、規則Ⅱに違反し、全体が一語ということはありません。語の切れ目が途中にあるはずです。Dに語の切れ目があっても「高」が2カ所に分かれてしまうので、やはり規則Ⅱに違反します。それに対して語の切れ目がAやCにあった場合は、次の語の始まりが「低低」や「高高」になってしまって、規則Ⅰに反します。結局Bにしか語の切れ目は来ないことになり、「ニワ・ニワト…（二羽・ニワト（リ）」のようになります。

　このように規則Ⅰには、**語のはじまりを示し、文の中での語の切れ目を示し、文の構成を示す働きがあります。これをアクセントの統語機能といいます。**共通語のアクセントでは、統語機能の方が弁別機能より重要な役割を果たします。

12.4 アクセントの型 sound 47

　上記の二つの規則からもわかるように、共通語アクセントでは「高から低へ下がるか下がらないか」そして、「下がる場合はどこで下がるか」がアクセントの区別に重要です。このアクセントが高から低へ下がるところを「**アクセントの滝**」といいます。

　滝は拍と拍の間にあるので、滝の直前の次の拍が低になる最後の高い拍に「**アクセント核**」があるとして、下がり目の位置を示します。下がり目がない場合は「アクセント核」はありません。そしてこのアクセント核の有無と位置でアクセントの型が分類されます。まずは規則Ⅱの説明で示した共通語に存在する3拍の名詞で型を示します。分類に必要なため、助詞「ガ」も添えます。

核の有無	無し（平板式）	有り（起伏式）		
核の位置	なし	最後の拍	途中の拍	最初の拍
	平板型	尾高型	中高型	頭高型
◎：核のある拍　　高	○○▽	○○◎	◎	◎
▽：助詞の拍　　　低	○	○　　▽	○　○▽	○○▽
	さくらガ	おとこガ	なかみガ	みどりガ

　「さくら」も「おとこ」も語単独では「低高高」と発音され区別できませんが、助詞「ガ」をつけると、「さくら」は「さくらガ」のように助詞が高いままつき、高から低への下がり目がないため、アクセント核がありません。このように**アクセント核がないものは「平板式」**と呼ばれ、これには「平板型」の1種類の型しかありません。助詞の「ガ」が「高」になるのは平板型のみの特徴です。

　それに対して「おとこ」は助詞「ガ」が低になるため「こ」にアクセント核があり、「なかみ」は「か」、「みどり」は「み」に核があります。このように**アクセント核があるものは「起伏式」**になり、アクセント核の位置によって型に分類されます、アクセント核が語の最後の拍にある「尾高型」、最初の拍にある「頭高型」、それ以外の拍にある「中高型」に分かれます。

　以下1拍から4拍までの語の例を挙げます。

型	平板式	起伏式			
	平板型	尾高型	中高型		頭高型
1拍	ガ (日)ひ				ひ（火） 　ガ（注）
2拍	しガ う	ぬ い　ガ			ね こガ
3拍	くらガ さ	とこ お　ガ	か な　みガ		み 　どりガ
4拍	まくらガ か	もおと い　ガ	だ く　ものが	たか か　なガ	さ いげつガ

（注）
2拍以上では助詞が付かないと区別できないのはすべて「平板型」と「尾高型」なので、統一上1拍の頭高型を「尾高型」と呼んでいる場合もあります。

　1拍の語では例に挙げた「日ガ」や「柄ガ」のように「ガ」が高く発音されるものが高から低への下がり目がないため「平板型」になります。それに対して「火ガ」や「絵ガ」のように助詞「ガ」が低になるものは辞典などを含めて通常「頭高型」と呼ばれています。なお2拍までの語に中高型はありません。

　「平板型」「尾高型」「頭高型」は、その型の名前だけで、その語のアクセントがわかりますが、**4拍以上の語では中高型が複数あるため「中高型」というだけではなく、核の位置を指定しないと語のアクセントはわからない**ことになります。

　名詞では基本的にすべての拍にアクセントの核がある可能性があるのでn拍の名詞ではn種類の起伏式の型があり得ます。それにアクセント核のない「平板型」を加え、**n拍の名詞にはn＋1通りの型があり得る**ことになります。

　ただし共通語では**特殊音素**（撥音「ン」、促音「ッ」、引く音「ー」）の拍、および**連母音の後部の母音の拍はアクセントの核は来ません**。また無声化した母音を持つ拍もアクセントの核を持ちにくいとされています。それによってアクセントの核の位置がずれる現象については12.9で触れます。

12.5　語のアクセントの表記法

　以下、語のアクセントの表記の例を挙げます。なお発音辞典などでは多くはカタカナ表記が使われますが、ここでは平仮名で統一しました。なお語のアクセントの型は核の有無と位置がわかれば決まるので、多くの辞典などではアクセントの表記には核の位置だけを示す方法がとられます。

	型の名前	平板型	尾高型	中高型	頭高型
	語例	さくら	おとこ	なかみ	みどり
(A)	カナ表記　助詞（ガ）を含む	くらガ さ	とこ お　　ガ	か な　みガ	み 　どりガ
	拍表記　助詞（○）を含む	②③○ ①	②③ ①　　○	② ①　③○	① ②③○
	高：○　低：●　助詞；高▽　低：▼	○○○▽ ● ●○○▽	○○ ●　　▼ ●○○▼	○ ●　●▼ ●○●▼	○ ●●▼ ○●●▼
(B)	「高低」線	さくら	おとこ	なかみ	みどり
(C)	「高」のみ線	さくら	おとこ	なかみ	みどり
(D)	下がり目のみ　表記	さくら￣	おとこ＼	なか＼み	み＼どり
(E)	核のみ表記	さくら	おとこ˥	なか˥み	み˥どり
(F)	格の拍の文字表記	□または0	こ	か	み
(G1)	核の拍（数字）：前から	0（核なし）	3	2	1
(G2)	核の拍（数字）：後から	0（核なし）	−1	−2	−3

　（A）のように、すべての拍の高低を示す表記は、辞書などのアクセントの解説などで使われます。1行で書けるように拍を高（○）低（●）で示すやり方も多く使われます。

　アクセント辞典など横書きの辞典では（B）や（C）のように拍ごとに高低を線で示すやり方もされています。（C）では上線がないことが「低」になります。この場合、上線の最後の部分は（˥）の場合は次に下がる、（￣）の場合は下がらないことを示しています。なお、上線の最後は必ず下がるとして平板型は「さくら」のように上線なし、尾高型は「おとこ」のような表記も使われていました。ただしアクセント辞典でも『NHK日本語発音アクセント新辞典』（2016）（以下、『NHK　アクセント辞典』）は（D）の下がり目のみ示す核の表記に準じたものになりました。この改訂に関しては後で述べます。

　横書きの書籍では、（E）のように、核のみを核のある拍の後ろに添えて示すやり方がアクセントに関する記述の多くの場合に使われています。この場合は「さくら」のように核の記号（˥）がないものが平板型になります。誤解を避けるため「さくら￣」のように下がらないことを示す記号を補助的に用いることもあります。縦書きの辞書でも記号を右に書く表記で用いられています。

　国語辞典の多くは縦書きであり、核を示すことでアクセント表記にしています。『日本国語大辞典』などは（F）のように核の拍の文字を□に入れて示します。「かたかな」のように同じ仮名が複数ある場合は「か²」のように同音の文字の何番目かで示します。この場合「0」を入れた「0」

や何も文字が入っていない「□」が平板型になります。上述の『NHK　アクセント辞典』では、第 2 アクセントなどは、この示し方（「□」が平板型）になっています。

　それ以外の多くの国語辞典は（G1）のようにアクセントの核が最初から数えて何拍目にあるかの数字で示すやり方が使われています。この場合、平板型は「0」と表記されるのが普通です。

　（G2）のように語の最後から数えて核が何拍目にあるかを数字で示すこともあり、この場合は数字にマイナスをつけます。平板型は「0」です。これは主に後部要素でアクセントが決まる複合語や、活用の形式でアクセントが決まる活用のある語のアクセントを示す際に、語の長さに影響されずに統一した記述が与えられるので用いられます。

12.6　核の表示と語のアクセント 🎧 sound 48

　語のアクセントは核の位置がわかれば、前述の規則ⅠとⅡから以下のように決めることができます。核を○で囲んだ数字と太字で示します。

　規則Ⅱで述べたように高いところは連続していなければならないので、核の後に下がったらその後は語末まで低くなります。さらに規則Ⅰで述べたように 1 拍目と 2 拍目は高さが異なります。

　そのため、アクセント核が 1 拍目にある頭高の語は 1 拍目が高く、その後下がって語の終わりまで低くなります。助詞も低くなり音が上がるところはありません。

　それ以外の型では、1 拍目は低く 2 拍目にかけて音が上がります。そして太字のアクセント核のある拍の後で下がって語の終わりまで低くなります。中高型と尾高型では助詞も低くなります。平板型は語単独では中高型と同じですが、平板型は下がり目がないので助詞が高いままになります。

　なお 2 拍目が撥音（ン）もしくは長音（ー）の拍の場合は、1 拍目から 2 拍目にかけての音の上がり方は非常に小さく、1 拍目から高いような形で発音されることが多く見られます。ただし、ゆっくりと一つ一つの拍を意識して丁寧に話す場合などでは 1 拍目が低く始まって 2 拍目にかけての上がりが現れることもあります。実際の発音ではこの二つの間になります。

　2 拍目が促音（ッ）の拍の場合は、この促音の部分は無音か無声の拍で声帯の振動がないので、1 拍目から 2 拍目にかけて音が上がるようにはならず、3 拍目から高くなるようになります。ただし、これらは自然に起こる現象なので発音上は意識しなくても大丈夫です。

　なお、これは語が修飾語などをつけずに単独の形で発音された場合に限ってのことです。「カブトムシ③」という単語について言うと、「カ」から「ブ」にかけて1拍目から2拍目にかけて音が上がるのは、頭高型の語を除いてすべての語において一般的に起こることです。ですから「下がり目」が［ト］と［ム］の間にあることがこの語にとっての「アクセント」ということになります。

　ですから、修飾語をつけて「このカブトムシ」や「変なカブトムシ」といった場合は、この「カ」から「ブ」にかけての上昇は現れません。

　このように規則Ⅰのうち「1拍目から2拍目の上昇」は、文として読むときのひとまとまりの単位で考える必要があるので、文の抑揚に関する「イントネーション」の問題と考えられることもあります。このことの詳細は第13章で扱います。

　自然に読むときは語の下がり目だけを意識すればよく、上がり目を意識しすぎると修飾語がついた場合など不自然になることも含め、『NHK　アクセント辞典』では従来の高い拍に上線を引く表記「なかみ」から下がり目だけを記す「なか＼み」の表記への変更がありました。詳細はこの部分の記述のもとになった上掲書の「付録　解説・資料編　Ⅱ　アクセントの示し方について　p. 7-13」を参照してください。

12.7　名詞および複合名詞のアクセントの傾向

　「アイウエオ」というと、通常は「ウ」に核がある「アイウエオ」のような、語末から3番目の拍に核がある−3の型で発音しているでしょう。名詞にはこれと同じ語末から3拍目にアクセントの核がある「−3型」になりやすい傾向があるといわれます。それ以外では平板型になる語も多く、特に4拍名詞はその傾向が強いといわれます。

　名詞には、型がすべて揃っていますが、上記の傾向から拍数によって型の片寄りが見られます。1拍、2拍の語は、−3になるには拍が足りないので頭高が多くなります。3拍は頭高も多いですが、4拍ともども平板型が最も多く見られます。5拍以上になると、先ほどの傾向が強く表れ、後ろから3拍目が核の中高型（−3型）が最も多くなります。

　複合語のアクセントの規則の詳細は、参考文献で挙げる書籍に譲りますが、以下、田中・窪園（1999）pp.68-74 をもとに概観します。　アクセント核は拍の後の「で示します。

　複合名詞のアクセント型は、主に後部に来る要素の長さ（拍数）とアクセントの型によって決まり、前部の要素はアクセント核を失い後部に結合する役目しか持っていないとされます。

　後部が2拍以下の場合は、「ク（区）：チヨダ「ク（千代田区）、ケン（券）：マエウリ「ケン（前売り券）」のように**原則として前部要素の最後の拍にアクセント核が置かれます。**

　後部が3拍、4拍の複合語は、後部が頭高型・中高型のときは、「カ「メラ：小型カ「メラ、ブレ「ーキ：エンジンブレ「ーキ」のように**後部のアクセント核が残ります。後部が尾高型・平板型のとき**

は、「オトコ⌐（男）：ユキオ⌐トコ（雪男）」のように後部の 1 拍目にアクセント核が置かれます。

　後部が 5 拍以上の複合語では、「ホーム⌐ラン：マンルイホーム⌐ラン（満塁ホームラン）」のように原則として、後部のアクセント核を残します。

　なお、個々の複合要素や助数詞、助動詞や助詞がついたときのアクセントなどは『NHK　アクセント辞典』などに記載があります。

▌12.8　活用する語のアクセント

　以下では形容詞と動詞の基本的な活用形についてのアクセントを概説します。付属語が付いた場合を含めた詳細は『NHK　アクセント辞典』の「付録　解説・資料編」を参照してください。

　形容詞の終止形のアクセントは、2 拍の形容詞は頭高（良い、濃い、など）ですが、それ以外の形容詞は基本的に共通語では平板型（0 型）か、後ろから 2 番目の拍にアクセント核がある形（−2 型）になります。平板型で発音される形容詞は以下の 30 語ほどです。

> **3 拍**：赤い、堅い、浅い、きつい、厚い、暗い、甘い、煙い、荒い、つらい、薄い、遠い、遅い、眠い、重い、丸い、軽い
>
> **4 拍**：明るい、怪しい、危ない、いけない、卑しい、黄色い、おいしい、冷たい、重たい、優しい、悲しい、よろしい
>
> **5 拍**：難しい

　ただし、これらの形容詞のアクセントは揺れが大きく、「危ない。（アブナイ。／アブナ⌐イ。）」のような終止形でも、「赤い：アカイ靴／この靴はアカ⌐イ。」のように同じはずの連体形と終止形の間の区別でも後ろから 2 番目の拍にアクセント核がある形（−2 型）が見られることがあります。

　さらに活用形でも平板型の「甘い（アマ⌐カッタ）に対し、中高型は「旨い（ウ⌐マカッタ）」になりますが、「下がり目」が 1 拍後ろに移る「旨い（ウマ⌐カッタ）」型も併用されています。『NHKアクセント辞典』では調査をもとに、起伏式形容詞では、4 拍以上のものでは「1 拍後ろに移った型」を先に、3 拍以下のものでは「移らない型」を先に示しています。

　動詞も基本的に、東京方言では終止形は平板型（0 型）か、後ろから 2 番目の拍にアクセント核がある形（−2 型）になります。なお「～ます」形はいずれの動詞も「～ま⌐す」になります。

　終止形が平板型の動詞（真似る、止まる）は活用形のほとんどが「平板型」になりますが、バ形では「バ」の直前に核が置かれます。

終止・連体形	（否定形）	テ形	タ形	バ形
マネル	マネナイ	マネテ	マネタ	マネレ⌐バ
トマル	トマラナイ	トマッテ	トマッタ	トマレ⌐バ

　終止形が中高（−2）型の動詞（食べ⌐る、歩⌐く）は、否定形は「ナイ」の直前に核が置かれますが、そのほかのテ形、タ形、バ形では、「テ、タ、バ」の二つ前の拍に核が置かれます。ただし

語幹が 1 拍のときは、「見˺る：ミ˺テ、ミ˺タ」のようにテ形、タ形では直前の拍に核が置かれます。

終止・連体形	否定形	テ形	タ形	バ形
タベ˺ル	タベ˺ナイ	タ˺ベテ	タ˺ベタ	タベ˺レバ
アル˺ク	アルカ˺ナイ	アル˺イテ	アル˺イタ	アル˺ケバ

なお「多い：オ˺オイ」「通る：ト˺オル」のような語でアクセントの核が −2 ではなく前にずれて −3 になることについては次に述べます。

▌12.9　アクセントの核にならない拍による核の位置の移動

　活用形や複合語においてアクセントの型が規則から外れる場合には、以下に述べるようなアクセントの核にならない拍が関係している場合が多いです。

　例えば「〜会（かい）」という 2 拍の語が後部要素になる複合名詞は、規則通り後ろから 3 拍目が核（−3 型）になり、「〜˺カイ」の直前の前部要素の最後までが高い形になります。

　ただし、共通語では「特殊音素（撥音、促音、引く音）」や、母音が連続したときの後部の母音の拍は通常アクセントの核にはなれません。そのため、後ろから 3 拍目に当たる前部要素最後の拍がこのような拍の場合は、核が直前の拍（後ろから 4 拍目）にずれます。

後ろから 3 拍目

			幹事＋カイ	→	カンジ˺カイ		
撥音	展覧＋カイ	→	×テンラン˺カイ	→	テンラ˺ンカイ
引く音	定例＋カイ	→	×テイレー˺カイ	→	テイレ˺ーカイ
母音連続	町内＋カイ	→	×チョーナイ˺カイ	→	チョーナ˺イカイ

　外来語も基本的には後ろから 3 拍目にアクセント核が来ますが、その拍が特殊拍なら、直前の拍に核がずれます。

後ろから 3 拍目

			ドライブ	→	ドライ˺ブ		
撥音	マンゴー	→	×マン˺ゴー	→	マ˺ンゴー
促音	カップル	→	×カッ˺プル	→	カ˺ップル
引く音	カーテン	→	×カー˺テン	→	カ˺ーテン
母音連続	ライター	→	×ライ˺ター	→	ラ˺イター

　形容詞や動詞の場合も同様です。終止形は平板型でない場合は、後ろから 2 拍目が核（−2 型）になるはずです。活用形も上述のルールがありますが、ルールで核になるべき拍が、上で述べた核にならない拍の場合は、核が直前の拍にずれます。

核になるはずの拍

引く音	多い	→	×オーˀイ	→	オーˀイ
引く音	通る	→	×トーˀル	→	トˀール
母音連続	入る	→	×ハイˀル	→	ハˀイル

　なお、第11章の母音無声化を阻害する要因で述べましたが、無声化した母音を含む拍もアクセントの核にはなりにくい拍です。ですから、無声化する可能性がある拍（太字で示す）に拍が来る場合は以下のような可能性があります。無声化が起こる場合は☐で示します。

1　無声化が回避され、その拍が核になる場合：ピˀクニック、キˀフ（寄付）、チˀシ（致死）
2　無声化が実現され、核の位置が移動する場合：ピ☐クニˀック、キ☐シˀャ（汽車・記者）
3　無声化が実現され、そこが核になる：ピ☐ˀクニック、キ☐ˀシャ（記者・汽車）

　どれになるかは、さまざまな要因がありますので、詳細はアクセント辞典を参照してください。

12.10　アクセントの平板化について

　外来語は、基本的には後ろから3拍目にアクセントがあるので「ドˀラマ」「モˀデル」が本来のアクセントですが「ドラマ」「モデル」のように核のない平板型の発音も多く観察されます。**アクセントの平板化**は、このように本来アクセント核を有していた語が、何らかの要因で核のない平板型アクセントで発音されるようになる現象です。

　若い世代は「ドラマ」「モデル」が多いなどの世代による差があったり、紙挟みが「ファˀイル」、コンピュータ用語では「ファイル」のように使い分けが観察される場合もあります。

　核のあるアクセントが標準的と考えられている場合は、この平板化はアクセントの誤りのように考えられることもありますが、多くがそのアクセントを使うようになれば語のアクセントのヴァリエーションとして認められ、場合によっては標準的なアクセントとして、それまでのアクセントと置き換わったりすることにもなります。

　平板化については「ラ<u>ザニ</u>ア、マロ<u>ニエ</u>、ス<u>テレオ</u>」のような、「4拍語で語末2拍が『自立拍＋自立拍』の連続、さらに語末の母音が口の開きの大きい [a, e, o] の外来語はほぼ例外なく平板型で発音されます。」（田中・窪園（1999）p.64）という報告があります。

　また『NHK放送文化調査研究年報第44集』（1999）p.152で、「4拍以外の外来語は平板型が現れにくく、4拍の外来語も特に最終拍に特殊音素を含むもの（サッカー）、最終拍が特に無声子音を伴う/i/,/u/のもの（カリパス）は平板型になりにくい」とされています。

　他の多くの言語変化と同様に、アクセントに関しても自分のアクセントを意識し少しでも疑義があれば辞典などで確認する習慣をつけておきましょう。

第12章　確認問題

問題　（　　　　　）の中に適切な語句を書き込んで、以下の説明文を完成させなさい。

　アクセントは一つ一つの音について決まっているのではなく、「基本的には（　①　）について社会的慣習として恣意的に決まっている（　②　）的な（　③　）もしくは強さの配置」です。

　標準的なアクセントとされる東京方言をもとにしたアクセントは（　④　）段階の③アクセントです。アクセントを配置する単位は（　⑤　）で、変化は⑤と⑤の間で起こります。

　共通語のアクセントの配置には以下のような規則があります。

規則Ⅰ：単語を単独で読んだときには（　⑥　）と（　⑦　）は必ず③が変わります。ただし実際の発音では⑦が（　⑧　）の場合はこの違いが現れないこともあります。

規則Ⅱ：語の中で（　⑨　）の部分は（　⑩　）していなければならず、一つの単語の中で離れた2カ所以上に⑨が現れる語はありません。

　アクセントの違いで語を区別するのはアクセントの（　⑪　）機能、語の最初や文の中での語の切れ目を示し、文の構成を示す働きをアクセントの（　⑫　）機能といいます。

　アクセントの下がり目を「滝」といい、その直前の拍、すなわち次の拍が「低」になる最後の高い拍に（　⑬　）があるといいます。

　アクセントは⑬の有無と位置によって分類されます。⑬のないものは（　⑭　）式、⑬のあるものを（　⑮　）式といいます。前者は⑬がないので唯一助詞が「高」になる⑭型と呼ばれます。後者は⑬の位置によって名前があります。最後の拍に⑬がある（　⑯　）型は、語単独では⑭型と区別できませんが、助詞は低になります。最初の拍に⑬があるものを（　⑰　）型、それ以外の拍に⑬があるものを（　⑱　）型と呼びます。n拍の名詞では基本的にすべての拍が⑬になる可能性があり、⑭型を加えた（　⑲　）通りの型があることになります。

　共通語では（　⑳　）の拍や（　㉑　）の後部の母音の拍は⑬にならず、また声帯振動がない（　㉒　）した母音を持つ拍は⑬になりにくい傾向があります。

🎧 聴解問題

練習1　sound 49

今から読む2拍の言葉のアクセントの型を例のように書いてください。

【例】　1. マ̲ダ̄　　2. マ̄ダ̲　　3. マ̄ダ

　　　1. マダ　　2. マダ　　3. マダ　　4. サル　　5. ブタ
　　　6. ネコ　　7. イヌ　　8. シシ　　9. ウマ　　10. クマ

練習2　sound 50

今から読む3拍の言葉のアクセントの型を例のように書いてください。

【例】　1. カ̲ラ̄ダ　　2. カ̲ラ̄ダ̲　　3. カ̄ラ̄ダ̲
　　　4. カ̲ラ̄ダ̄　　5. カ̄ラ̄ダ̄　　6. カ̄ラ̄ダ̄　　7. カ̄ラ̄ダ̄

1. カラダ　　2. カラダ　　3. カラダ　　4. カラダ　　5. カラダ
6. カラダ　　7. カラダ　　8. テレビ　　9. デンワ　　10. ビデオ

練習3　sound 51-55

今から読む4拍～8拍の言葉のアクセントの型を例のように書いてください。

【例】　タ̲マ̄ノリ

sound 51　　1. タマノリ　　2. タマノリ　　3. タマノリ　　4. タマノリ
　　　　　　5. タマノリ　　6. タマノリ　　7. タマノリ　　8. タマノリ

sound 52　　9. タマノリ　　10. タマノリ　　11. タマノリ　　12. タマノリ
　　　　　　13. タマノリ　　14. タマノリ　　15. タマノリ

sound 53　　16. ラクテンカ　　17. ホシブドウ　　18. ウデクラ
　　　　　　19. コウクウキ　　20. エイブンカ

sound 54　　21. ガクエントシ　　22. コオリザトウ　　23. ユニバーサル
　　　　　　24. ムカシバナシ　　25. ブラックホール　　26. ジリツシンケイ

sound 55　　27. カツオノエボシ　　28. カンカンオドリ
　　　　　　29. キタノマンドコロ　　30. イチレンタクショウ
　　　　　　31. オキアガリコボシ　　32. ヒャクハチボンノウ

コラム 6 ｜ アクセントにおける高低の変化 sound 56

　声の高さと言っても、何ヘルツ以上が「高い」のような絶対的な基準で決まっているわけではありません。並んだそれぞれの中での高さや強さの相対的な違いを聞き取って判断しています。ですから我々は単純に高差や強さを聞いてアクセントを判断しているわけではありません。

　下のグラフ①は上の線が声の高さ、下は強さです。

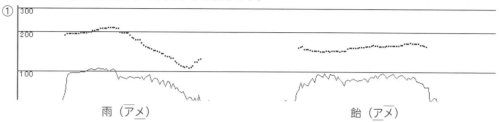

　②のグラフでは高低の「雨（アメ）」の落ち方に比べて「低高」の「飴（アメ）」の上がり方が少ないのがわかります。発話中に声の高さは自然に下降するのでその影響です。

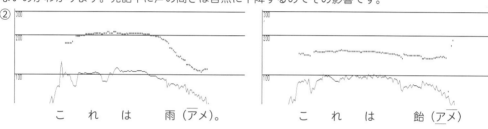

　文としてこれを聞くと、ちゃんと「雨」と「飴」の区別が聞こえます。

　③のグラフは②の文の中の「雨」と「飴」の部分を拡大したものです。この場合「飴」ではまったく上がっていませんがこれは自然降下の影響です。文を聞いた場合は補正されて下がっていないから上がっていると判断され「飴（アメ）」と聞こえます。

　ただし、この部分だけ取り出して聞くと、自然降下の補正がなされませんから、「アメ（高高（低低））」のように同じ高さに聞こえてしまいます。

　また、右の図にあるように、ある程度抽象化しても音声的には 5 段程度の段階はあります。アクセントもかなり長い間 3 段という考え方もされていました。

寺川喜四男『日本語の高低アクセントを論ずる』
「創立十周年記念論文集」獨協大学　1974

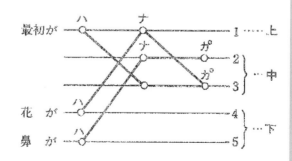

コラム7｜代表的な音韻変化

■ 代表的な音韻変化

①脱落：音素・音節の消失　（荒磯 ar<u>a</u>iso→ariso ありそ（母音連続を避けている））

②添加：新たな音素・音節が加えられる（霧雨 kiri + ame→kiri<u>s</u>ame）

③交替：類似した音素に置き換えられる（サビシイ sa<u>b</u>isii→さみしい sa<u>m</u>isii）

④同化（assimilation）：ある音が隣接する音の影響で共通の特徴を持つ音になる現象。
　　順行同化：先行音に後続音が同化：dog<u>s</u>［z］有声→有声／cap<u>s</u>［s］無声→無声
　　逆行同化：後続音に先行音が同化：散歩 sa<u>m</u>po 両唇←両唇／神田 ka<u>n</u>da 歯茎←歯茎

⑤異化（dissimilation）：ある音が隣接する音に似ない音になり、同じ語句の中で同種の音の反復を避けようとする現象。七日（nan<u>o</u>ka＜*nan<u>a</u>ka）*simi<u>l</u> + a<u>l</u>→simi<u>l</u>a<u>r</u>（比較：flo<u>r</u> + a<u>l</u>→fro<u>r</u>a<u>l</u>）

⑥音位転換（metathesis）：音節などの位置が入れ替わる（あらたし a<u>rat</u>asi→a<u>tar</u>asi あたらし）

■ 語形成の際に起こる変化

①転音：前要素の末尾母音が他の母音に変化する現象：雨水（am<u>e</u>/am<u>a</u>）、白玉（sir<u>o</u>/sir<u>a</u>）
　　音韻添加：前要素と後要素の間に新しい音素が加わる現象：春 + 雨（ハルサメ haru<u>s</u>ame）
　　音便：前要素の末尾の音節が撥音や促音になる現象：ひき + つかむ（ひっつかむ：促音便）、
　　　　ぶち + なぐる（ぶんなぐる：撥音便）　※イ音便（書く＞書いた）、ウ音便（買う＞買うた）

②連声：漢語において、先行する拍の子音が後の音節の頭の母音（もしくは半母音 + 母音）に影響し後の音節が変化する現象。前の音節が「ン」または「チ」「ツ」であるとき、後の音節がア行・ヤ行・ワ行であるなら、後の音節はナ行（観音　かん（kan）+ おん（on）→かんのん）、マ行（三位　さん（sam）+ い（i）→さんみ）、タ行（雪隠　せつ（shet）+ いん（in）→せっちん）の音に変化する
　　※（　）は中世以前の発音

③連濁：複合語の主要部である後部要素の頭子音が濁音になる現象（谷の川：谷川（タニガワ）。なお二つの要素が並列的な（対等な）関係で後部要素が主要部でない場合（山と川：ヤマカワ）は連濁しない。
・基本的に和語に起こる。和語は語頭に濁音が現れないので、連濁してももとの語が復元できるからである。それに対し語頭に濁音がある漢語（金／銀）や外来語（タイヤ／ダイヤ）は連濁で「ニセギン／ニセダイヤ」になると、元がどちらの語か復元できないので連濁しない。ただし完全に日本語化した語は連濁する傾向もある（夜汽車、和菓子／いろはガルタ＜カルタ、雨合羽＜カッパ）
・前部要素が後部要素の副詞的修飾語のときは連濁が起こりやすい（千本切り、みじん切り）。また目的語など格関係がある場合（パン切り）は起こりにくい。
・後部要素に濁音（特に2拍目）があった場合、連濁しにくい（ライマンの法則）。
　「はる + かぜ→はるかぜ」　例外（縄ばしご、大三郎、など）
・例外はあるが、森田（モリタ）、柴田（シバタ）：山田（ヤマダ）、福田（フクダ）など、アクセントによって連濁の有無が変わることがある。
・東日本では「やまざき」、西日本では「やまさき」などを含め、方言による差もある。
・「もらい火、焚き火」は連濁するが「飛び火（とびひ／*とびび）」のように、複合語前部要素の最後が濁音で後部要素が連濁すると同種の音が連続するとき起こりにくい。

④半濁音化：後部要素の最初のハ行がパ行に変わり直前が促音になる現象。
　あけ + ひろげ（アケッピロゲ）

第 **13** 章 | イントネーション、リズム、プロミネンス

　「プロソディー」のうちアクセントは「語」を単位としたものでしたが、この章では文を単位としたイントネーション、リズム、プロミネンスについて見ていきます。

　イントネーションは大まかに言えば「文の抑揚」です。疑問文の場合、文末を上げるのは、世界のどの言語にも共通のイントネーションの特徴のようです。ただし具体的に、どのように上げるかは、言語ごとに異なっています。今までの研究で、「声の高さ」がイントネーションに深く関わっているらしいことまではわかっています。言語として、どのように組織化できるかなどはっきりしていないことも多くあります。とりあえず、文の抑揚としてのイントネーションの概観を述べます。

　ただし、「疑問文と平叙文」の区別などや「話者の態度・感情」などを含めた文の解釈に関与する文末や句末に現れる特徴のみをイントネーションと呼ぶのも通例になっています。教育場面を含めて主に、この意味で使われていることも多いので注意しておきましょう。

　リズムの点で日本語は第 8 章で解説した「拍」がほぼ同じ長さで発音され、それがリズムを構成する基本になっています。しかし実際の発話では、「パソコン」など略語の多くが 2 拍がまとまった単位から構成されていることでもわかるように 2 拍の単位が重要になっています。また言語によっては音節や、強勢をリズムの基本とする言語もあり、このリズムに関しての理解は日本語のみならず日本語母語話者の外国語習得にも重要です。

　プロミネンスとは「発話の一部を強調する手段」で、その具体的な現れ方や機能はさまざまです。プロミネンスが現れた部分は、強く発音されたり、高く発音されたり、また音質が変わったりします。日本語では音調の変化が重要だと考えられています。

　イントネーションやリズムは、ある言語のその言語らしさに大きく関わっています。例えば、発音されている音がよく聞き取れなくても、なんとなく、何語が話されているかがわかってしまうのは、イントネーションやリズムのおかげなのです。また感情の伝達にも大いに関係します。そういう意味では、この二つは、言語を成立させる本質的な要素ともいえるでしょう。そのため外国語学習でイントネーションやリズムを習得することの重要さが注目されてきています。

第 13 章のポイント

イントネーション：文（節）を単位とした、その文に現れる声の高さの時間的な変化。
リズム：拍（モーラ）とともに 2 拍を単位とした「フット」がリズムの基本。
プロミネンス：「発話の一部を強調する手段」で、強さ以外に日本語では音調の変化が重要。

13.1 アクセントとイントネーション

イントネーションは、「文を単位とした、その文に現れる声の高さの時間的な変化」です。

「雨が降ってきた。」と伝えたい場合「雨（ア￣メ）。」と言うと、単語一つですが、伝えたいことは伝わる文になっています。このとき、文末は平らか下がり気味に発音されているでしょう。それに対して「雨なの？」と尋ねるように「雨（ア￣メ）？」と言うと、やはり文になっています。ただし前者と違って疑問文では文末が上がっています。いずれの場合も「雨（ア￣メ）。」のアクセントである拍の「高低」は保たれています。ただしイントネーションが異なっていて、それによって平叙文か疑問文かを聞き分けているわけです。

比較に「飴（ア＿メ）」を「飴がある。」のように「飴（ア＿メ）。」と言った場合と「飴なの？」と尋ねるように「飴（ア＿メ）？」と言って比べてみましょう。この場合も「飴（ア＿メ）」のアクセントである「低高」は保たれていますが、イントネーションが異なっていて、それによって平叙文か疑問文かを聞き分けているわけです。

日本語では語が高低のアクセントを持っているので、イントネーションの原形は語のアクセントによってある程度決まります。アクセントの章でも説明しましたが、「か＿たかな＿」は「この」とくっつけて一息に読むと「このかたかな＿」となって、「かたかな」の最初の「か」が低くならなくなります。これは共通語のアクセント規則 I の「第1拍が『低』なら第2拍は必ず『高』」は、「単語」を単独で読むときのものだからです。イントネーションを考えるときは、単語は句や文中で現れるので、1拍目、2拍目というのは単語の最初からではなく、一息に読まれるまとまり「アクセント句（句切り）」の最初から数えるのです。こうすれば単独の「かたかな」も「低高高低」、「このかたかな」も「低高高高高低」で1拍目と2拍目の高さが異なり、規則に違反しないことになります。いずれにせよ、アクセントの核の位置は変わらないので、「かたかな」のアクセントの型に違いはありません。

以下の文のイントネーションの基本形を考えてみましょう。アクセント核を表記してあります。

「この片仮名は変な書き方で、あれは正しい書き方です。」
コノカタカ￣ナハヘ￣ンナカキカ￣タデアレハタダシ￣イカキカ￣タデス。

単語（文節）ごとに読んだ場合の拍ごとの高さは以下のようになります。

```
      ノ   タカ￣    ヘ￣      キカ￣      レハ  ダシ￣    キカ￣
   コ    カ  ナハ    ンナカ   タデア      タ   イ   カ  タデス。
```

句切れを置かずに全体を続けて読むと、概ね、以下のような高さの変化になります。1拍目に核がないので上げて、2拍目からはそのまま続けて、核がある拍があれば、その拍の後で下げ、以下同様に続けます。

```
      ノカタカ￣
   コ       ナハヘ￣
             ンナカキカ￣
                  タデアレハタダシ￣
                       イカキカ￣
                            タデス。
```

　実際の発話では続けて読んだ場合でも、下がる直前にある核の拍は少し高めになる傾向はあります。

　次に区切れがある場合を示します。区切れまでは同じですが、区切れの後で最初の高さに戻り、またそこを最初として続けます。

```
                       句切れ
      ノカタカ ̄|            |  レハタダシ ̄|
コ           ナハヘ ̄|       |ア           イカキカ ̄|
                ンナカキカ ̄| |                    タデス。
                     タデ  |
```

```
          句切れ              句切れ    句切れ    句切れ
      ノカタカ ̄|   |ヘ ̄|        |      |ダシ ̄|   |
コ           ナハ|    ンナカキカ ̄| |レハ |タ イ|カ |キカ
                       タデ |  |ア   |     |   |   タデス。
```

　人間の声は話すにつれて自然に声の高さがだんだん下がっていく「自然降下（declination）」があるので、実際の声の高さの変化はこれを右に傾けたようになります。

　このアクセントに依存する声の高さの変化に平叙文と疑問文の違いや感情を表すイントネーションなどが加わります。主に文末の高さの変化として現れます。

13.2　文末イントネーション（文頭イントネーション）

　例えば雨が降ってきたのを見て言う「あ、雨。」は、少し文末が延び、平坦な調子になると思います。それを聞いて確かめるために問う「え、雨？」は上昇調になり、それに答えて断定する「そう、雨。」は下降調になるでしょう。

　以下、文末イントネーションをごく大まかに「上昇、下降、平坦」の三つの方向に分けて概観します。なお、文末の少し前から徐々に変化する「長」と、文末の最後の一つの拍に変化が集中する「短」のタイプがあります。

　上昇は基本的には相手によって確信化できる疑問を含む、質問、勧誘、誘いなどに用いられます。相手による確認を要求する終助詞「ね」「だろう」などがついている「じゃあ、行くんですね？」「ねえ、そうだろう？」のような場合は、ほぼ必ず上昇調になります。また疑問の「か」も通常は上昇調です。ただし英語などとは異なり、疑問においての上昇は最後の「か」の拍にのみ集中するのが普通で「これは本です。」と「これは本ですか。」のイントネーションの違いは、ほぼ「か」のみで、「これは本です」の部分は、ほぼ同じイントネーションです。

　下降は基本的には相手の反応が必ずしも必要ない断定などに用いられます。最後の拍で急に下降すると納得や残念などの感情が表されることもあります。納得を表す終助詞「か」、推量を表す終助詞「だろう」がついている「なんだ、これが正解だったのか。」「おそらくこれが正解だろう。」のような場合などは、ほぼ必ず下降調になります。終助詞「よ」も「そう、これが正解なんですよ。」のように通常は下降調です。

「これは稀覯本です。」「私は明日サッカーをします。」のような**最後の音が上昇も下降もしていない平坦な調子は、中立的な発話に用います。**「控えめな主張」を示す「もう少し安い方がいいんですが。」のような場合などは弱く延ばされることもあります。

なお、感情を込めた表現などでアクセントの上がり目がなくなったり、ずれたりする現象が見られます。なお、「かわいそうに。」と言うとき、特に強い感情を込めなければ「低高…」で始まりますが、かなり感情が高ぶっていれば「かわいそうに」のように上昇が早めに現れ「低」がなくなったり、逆に落ち込んでいた場合など「かわいそうに」のように、あたかも核の拍だけ持ち上がったようになったりする発音も見られます。いずれの場合でもアクセントの本質である核の拍の後の下がり目の位置に変化はありません。このような現象を「文頭イントネーション」と呼ぶこともあります。

これを見ても語の最初のアクセントの「低」から「高」への上げは、単語に属するというより文に関係した声の抑揚なので、語を単位とするアクセントに関係する現象ではなく、文を単位とする抑揚であるイントネーションに関わった現象だということがわかるでしょう。

本書の女性執筆者の「イントネーションとは何か」を考察した博士論文にもあるように「イントネーション」自体が言語学的には非常に謎が多いものなのです。さらに、イントネーションは、アクセントのように型などで分類できないこともあり、詳細はさまざまな文例と共に具体的に示す必要があります。そのため、実際にそれを最も必要とする日本語学習者に対しての具体的な指導などに関しては、参考文献に譲ります。

13.3　リズム

リズムは基本的に「ある単位が等しい長さで周期的に繰り返されること（等時性）」によって生れます。言語におけるリズムは基本的には等時的に繰り返される単位によって強勢リズム（stress-timed）か音節リズム（syllable-timed）かのどちらかに分類されます。

強勢リズムは、強勢と強勢の間が等時性を持つ単位となるリズムのことで、ゲルマン系言語（英語、ドイツ語、オランダ語、スウェーデン語）、スラブ系言語（ロシア語、ポーランド語）などが該当します。

音節リズムは、音節が単位となりそれが等時的に繰り返して現れるリズムのことです。言語としてはロマンス系言語（フランス語、イタリア語、スペイン語）がこのリズムを持ちます。また中国語と朝鮮語なども同類であるとされます。

日本語では音節を構成する上では音節末の子音とみなされる促音（/Q/）や撥音（/N/）さらに長母音の後半部分である引く音（/R/）のような特殊拍が独立して等時的な単位であるモーラ（拍）を構成するのでモーラリズム（mora-timed）と呼ばれます。これも基本的には音節リズムの一種になります。モーラリズムを持つ「モーラ方言」に対し、九州南部や東北北部には二重母音としての「/ai, ei, ui, oi/」の後部の副母音「/i/」を含む特殊拍（ン、ッ、ー）を独立させない「シラビーム方言」もあります。この方言では、8モーラの「一生懸命（イッショーケンメー）」は「イッ・ショー・ケン・メー」のような四つのシラビームを持つリズムになります。特殊拍部分はモーラ方言より短く弱いため、岩手県花巻出身の宮沢賢治の短歌の最初の5拍の部分で「いしょけめに」として使われています。

13.4 フット

　日本語は音節リズムの一種ですが、等時性を持つのがモーラ（拍）であるため、モーラリズムを持ちます。例えば「干拓（カンタク）」と「辛党（カラトー）」「スカット」を拍の等時性からリズムを考えると「カ・ン・タ・ク」、「カ・ラ・ト・オ」、「ス・カ・ッ・ト」となり同じ「タ・タ・タ・タ（♩♩♩♩）」のリズムになります。四分音符（♩）で拍を示したものを添えました。

　特殊音素が1拍の長さがあることを示すような場合は、このような切り方も必要ですが、特殊音素の部分は単独では発音されないので実際の発音とは異なってしまい不都合です。さらにこれが連続して文になった場合にはずっと「タ・タ・タ…（♩　♩　♩…）」と続くとリズム感がない不自然な発話になります。

　実際の発話では短縮語の形成などを含め、特殊音素の拍を前の拍と一緒にした1音節で2拍の長い音節（二分音符（♩）で示します）と、それ以外の1音節1拍の短い音節を2つまとめて2拍を単位とした「フット（コラム4「音節に関して」参照）」をリズムの基本にすると自然になります。拍を四分音符にしたので「2/4拍子」のまとまりができます。

　このフットがリズムの基本なのは以下のようなことからもわかります。例えば「曜日」を言うときに「月火水木金土日：ゲッ・カー・スイ・モク・キン・ドー・ニチ）のように1拍の曜日は延ばして2拍にしてリズムを保ちます。数字も同様で（1、2、3、4、5...　9、10：イチ・ニー・サン・シー／ヨン・ゴー...　キュー・ジュー）のように1拍の数字は延ばして2拍にします。

　それと逆に単独では「28（ニジュー・ハチ）」で3拍＋2拍の5拍ですが、続けて読んだ場合は「27・28（ニジュ・ハチ）・29…」のように縮約して2拍＋2拍の4拍にしてリズムを保ちます。語の短縮にはいろいろな要因がありますが、直感的には「パソ・コン」、「ヨウ・ツベ（YouTube）」など2拍＋2拍の4拍が多いようです。

13.5 語や文のリズム

　フットに基づいて考えれば「干拓（カンタク）」は「カン｜タク」で「タン・タタ（|♩|♩♩|）」、「甘党（アマトー）」は「アマ・トー」で「タタ・ター（|♩♩|♩|）」、「スカット」は「ス・カッ・ト」で「タ・タッ・タ（|♪♩|♩|♩♪|　　：簡略に♩|♩|♩）」になります。

　なお「8.3日本語の音韻的音節、13.3リズム」で触れましたが、リズムを考える場合は、異なった母音に続く「イ」が「二重母音の後部（特殊音素/J/）」になり二重母音化することを考慮したほうがよく、「埼玉」は「サ・イ・タ・マ（タタタタ）」よりも「サイ・タマ（タイ・タタ）」のように考えた方が自然になります。

　なお「タン」「ター」「タッ」「タイ」はリズムとしては同じなのでまとめて「ター」と考えれば2拍の語には「タタ（♩♩）」と「ター（♩）」の2タイプ、3拍には「タタタ（♩♩♩）」、「タター（♩♩）」と「タータ（♩♩）」の3タイプのリズムがあることになります。単語の発音を教えるときも、この違いを意識させると効果的だといわれます。

　さらにアクセントを指示する場合でも、アクセントの変化が短い音節2つからなるフット「タタ（♩♩）」の場合は「高低」や「低高」でも問題ないのですが、長い音節の2拍のフット「（♩）」の

場合は「低高」のかわりに「上昇（／）」、「高低」のかわりに「下降（＼）」を用いた方がわかりやすい場合もあります。例えば「コーヒー（♪♪）」は「コーヒー」ではなく「コーヒ＼」のようにすることになります。中国語のように音声内で声の高さが変わる声調言語が母語の人を含めて、この方が直感的にわかりやすいと考えられます。

　縦棒で音節を表し「高：ㄱ、低：」、上昇：／、下降：＼」とすれば「コーヒー（／＼）」のようになります。このように考えると2拍の語は「雨（アメ：ㄱ」）」、「飴（アメ：」ㄱ）」、「塔（トー：＼）」「訓（クン）：／）」のようにリズムを考慮して4つのパターンがあることになります。

　文になった場合も同様です。以下「土岐哲・村田水恵（1989）『外国人のための日本例文・問題シリーズ＜撥音・聴解＞』（荒竹出版）」をもとに概説します。句切れ（ポーズ）を決め、間で切れない長音節のフット（□）を考え、残りの短音節は2つずつまとめてフットにします。短い音節がポーズや長音節にはさまれた場合は2拍にできないのでとりあえずそのままにします。すべてのまとまりができたら、1拍の部分が並んでいたらまとめて2拍にしたり、ポーズを入れて2拍になるようにします。以下に例を挙げます。この2拍のまとまりごとにリズムを考えていくと自然になります。

この砂糖は、3キロ貰ってきたんですね。

　これらを基にした日本語学習者に対しての指導などに関しては、先ほど挙げた土岐・村田に詳細な説明と練習があります。

13.6　プロミネンス

　「昨日どこに行ったんですか。」という問に対して、「銀座に行きました。」と答える場合、通常は疑問の答えになる「銀座に」を「行きました」に比べて目立つように言います。もし「行きました」の方を目立つように言うと不自然な発話になります。同様に「これ貼っといて。」に対して、「どこに貼るんですか。」と尋ねる場合は、疑問詞「どこに」の方を目立つように言います。もし「貼るんですか」を目立たせると、「貼るか貼らないか」を尋ねる「yes-no疑問文」のようになってしまいます。このように先行する文脈などで文中の他の要素との対比で文の特定の部分が強調された場合、その部分が「対比強調（プロミネンス）」が行われたといいます。

　なお、「昨日太郎は花子と銀座に行きました。」という文において、「行ったのが一昨日ではなくて昨日である」ということを特に示したければ「昨日」の部分を、「明子ではなくて花子と行った」ことを示したければ「花子（と）」の部分を目立たせて言うことで示します。このように文中の任意の部分を際立たせて何らかの効果を出す「誇張の強調」として「プロミネンス」と別に区別することもありますが、通常は、これも含めて「プロミネンス」という用語で呼ばれています。この意

味も含めてプロミネンスは「卓立」「際立たせ」ともいわれます。なお日本語と異なり、欧米語では、情報伝達上で最も重要な語（部分）を示すのに「文強勢」に準ずる用語が使われ、プロミネンスという用語はあまり用いられていません。

プロミネンスが実際の発話において、どのような形で現れるかは言語ごとにさまざまです。基本的には声の強弱、高低、速さ、ポーズなどの変化として現れます。強調された部分を強く読んでプロミネンスを示すことが多いのですが、そこだけ小声で読むのも立派なプロミネンスです。

高低アクセントを持つ日本語では、プロミネンスが置かれてもアクセントの下がり目の位置に変化はありませんが、その下降の幅は強調の程度によって変わります。さらにまた区切れを置かずに一息に読めば「今日は花です。」は「今日（キョ─）」のようにアクセント核がある語に後続する「ハナ」の「ナ」の上昇は「今日」の「キョ」に比べて著しく低くなる「ダウンステップ（downstep）」または「カタセシス（catathesis）」という現象がかかわって、①のように読まれます。ただし「今日は」にプロミネンスが置かれれば下降の幅が大きくなります。さらに、プロミネンスの部分が独立する、そこで切れ目が意識されて消えている語（句）頭の上昇が見られ、「ハ」のみにプロミネンスを置いたのと同等の②のような音調の変化が現れたり、「ハナ」の部分にプロミネンスを置けば③のようにダウンステップが現れない音調の変化が見られ強調が示されたりします。

①キョ ─ワハナ デス。　②**キョ ワ** ─ ハナ デス。　③キョ ─ワハ **ナ** デス。

さらに「それは」や「旅人が」のような平板型の語についた助詞にプロミネンスが置かれると、語頭で上がってさらに助詞が高くなるような音調も現れます。

ソレ ハ　タビビト **ガ**

このように日本語ではプロミネンスが強さよりも音調の変化を伴なって実現されていることにも注意しましょう。

第13章　確認問題

問題　（　　　）の中に適切な語句を書き込んで、以下の説明文を完成させなさい。

　ある文を発音するには、まずは単語を構成する個々の音や、語の持つアクセントを正しく発音する必要があります。ただし適切な発話をするにはそれだけでは不十分で、発話の意図に応じて文の抑揚である適切な（　①　）を使用し、重要な情報を際立たせるためにその部分に（　②　）を置いて目立たせる必要があります。さらに自然な発話をするためには、発話が持つ音楽の拍子ようなその言語の持つ（　③　）にあった発話になっている必要があります。

総合練習

練習1　二人が読む語で、1カ所大きく発音が違うところがあります。例のように違っているところを音声記号で書き取り、その違いを示す適切な用語を選択肢の中から選んでください。選択肢は二つ以上選ぶこともあります。　🎧 **sound 57, 58**

選択肢　a. 声帯振動の有無　b. 調音点　c. 調音法　d. 気息の有無　e. 円唇化

例：　[g]　　　[ŋ]　　　(c)

1　[　　]　[　　]　(　　)
2　[　　]　[　　]　(　　)
3　[　　]　[　　]　(　　)
4　[　　]　[　　]　(　　)
5　[　　]　[　　]　(　　)
6　[　　]　[　　]　(　　)
7　[　　]　[　　]　(　　)
8　[　　]　[　　]　(　　)
9　[　　]　[　　]　(　　)
10　[　　]　[　　]　(　　)

練習2　二人が読む文で、1カ所大きく発音が違うところがあります。例のように、違っているところを音声記号で書き取り、その違いを示す適切な用語を選択肢の中から選んでください。選択肢は二つ以上選ぶこともあります。　🎧 **sound 59, 60**

選択肢　a. 声帯振動の有無　b. 調音点　c. 調音法　d. 気息の有無　e. 円唇化

例：　[g]　　　[ŋ]　　　(c)

1　[　　]　[　　]　(　　)
2　[　　]　[　　]　(　　)
3　[　　]　[　　]　(　　)
4　[　　]　[　　]　(　　)
5　[　　]　[　　]　(　　)
6　[　　]　[　　]　(　　)
7　[　　]　[　　]　(　　)
8　[　　]　[　　]　(　　)
9　[　　]　[　　]　(　　)
10　[　　]　[　　]　(　　)

> **練習3**　以下の文を、鼻濁音、摩擦音化、無声化、気息の有無などに注意しながら聞き、下線部の発音を音声記号で書いてください。母音の音声記号は［a i ɯ e o］だけを用いてください。

1回目 🎧 **sound 61**

₁これで、みなさんは、₂じぶんで、おんせい₃がくてきに、

1 [　　　]　　　　　2 [　　　]　　　　3 [　　　　　]

₄にほんごを、₅きくちからがついたでしょう。

4 [　　　　]　5 [　　　]

2回目 🎧 **sound 62**

₁これで、みなさんは、₂じぶんで、おんせい₃がくてきに、

1 [　　　]　　　　　2 [　　　]　　　　3 [　　　　　]

₄にほんごを、₅きくちからがついたでしょう。

4 [　　　　]　5 [　　　]

> **練習4**　男の人と女の人が読む文の中の耳慣れない語のアクセントの型を例のように書いてください。標準アクセントとは限りません。🎧 **sound 63, 64**

例：$\overline{①②}③④\overline{⑤}$

1　①②③④⑤

2　①②③④⑤⑥

3　①②③④⑤⑥

4　①②③④⑤⑥

5　①②③④⑤⑥⑦

6　①②③④⑤⑥⑦

7　①②③④⑤⑥⑦

8　①②③④⑤⑥⑦⑧

9　①②③④⑤⑥⑦⑧

10　①②③④⑤⑥⑦⑧⑨

解　答

【第1章】

確認問題

A 発声　B 調音

①喉頭　②声帯　③声門　④声　⑤有声音　⑥無声音　⑦咽頭　⑧鼻腔　⑨口腔　⑩声道
⑪母音　⑫子音

【第2章】

確認問題

①声　②舌の前後位置　③前舌　④後舌　⑤舌の高さ（開口度）　⑥狭（高）　⑦広（低）
⑧唇の丸めの有無

聞き取り問題

1　[e]　非円唇　前舌　半狭

2　[ɛ]　非円唇　前舌　半広

3　[a]　非円唇　前舌　広

4　[ɑ]　非円唇　後舌　広

5　[ɔ]　円唇　　後舌　半広

6　[o]　円唇　　後舌　半狭

7　[u]　円唇　　後舌　狭

8　[ɯ]　非円唇　後舌　狭

9　[i]　非円唇　前舌　狭

10　[y]　円唇　　前舌　狭

【第3章】

確認問題

（A）鼻腔　（B）口腔

（1）上唇　（2）歯　（3）歯茎　（4）後部歯茎（硬口蓋歯茎）　（5）歯茎硬口蓋　（6）硬口蓋
（7）軟口蓋　（8）口蓋垂　（9）口蓋帆　（10）下唇　（11）舌尖　（12）舌端　（13）前舌
（14）中舌　（15）後舌　（16）舌根　（17）声帯（声門）

【第4章】

確認問題

問題1

①鼻音　②破裂音　③摩擦音

問題 2

（口腔断面図は略）

鼻腔への通路	開	閉	閉	開	閉
口腔内	閉鎖	閉鎖	狭め	閉鎖	閉鎖
調音法	鼻音	破裂音	摩擦音	鼻音	破裂音
調音点	歯茎	歯茎	歯茎	両唇	両唇

問題 3

調音法	調音点			声帯振動
	両唇	歯茎	軟口蓋	
摩擦音		[s]（サ）		無声音
		[z]（ザ）		有声音
破裂音	[p]（パ）	[t]（タ）	[k]（カ）	無声音
	[b]（バ）	[d]（ダ）	[g]（ガ）	有声音
鼻音	[m]（マ）	[n]（ナ）		有声音

問題 4

④破擦音　⑤はじき音　⑥ふるえ音　⑦側面接近音　⑧接近音

【第5章】

5.1、5.2　確認問題

1

1. ①　マ　　［m］　有声　両唇　　鼻音
2. ②　（マ）　［ɱ］　有声　**唇歯**　鼻音
3. ④　ナ　　［n］　有声　歯茎　　鼻音
4. ⑦　（ニャ）［ɲ］　有声　硬口蓋　鼻音
5. ⑧　（ﾞガ）［ŋ］　有声　軟口蓋　鼻音
6. ⑨　（ﾞガ）［ɴ］　有声　**口蓋垂**　鼻音

2

1. ①　パ　　［p］　無声　両唇　　破裂音
2. ①　バ　　［b］　有声　両唇　　破裂音
3. ④　タ　　［t］　無声　歯茎　　破裂音
4. ④　ダ　　［d］　有声　歯茎　　破裂音
5. ⑧　カ　　［k］　無声　軟口蓋　破裂音
6. ⑧　ガ　　［g］　有声　軟口蓋　破裂音
7. ⑩　（ッア）［ʔ］　無声　**声門**　破裂音

5.3　確認問題

1

1.	① フ	[ɸ]	無声	両唇	摩擦音
2.	① （ヴ）	[β]	有声	両唇	摩擦音
3.	② フ	[f]	無声	唇歯	摩擦音
4.	② ヴ	[v]	有声	唇歯	摩擦音
5.	③ （ス）	[θ]	無声	歯	摩擦音
6.	③ （ズ）	[ð]	有声	歯	摩擦音
7.	④ ス	[s]	無声	歯茎	摩擦音
8.	④ ズ	[z]	有声	歯茎	摩擦音
9.	⑤ （シャ）	[ʃ]	無声	**後部歯茎**	摩擦音
10.	⑤ （ジャ）	[ʒ]	有声	**後部歯茎**	摩擦音
11.	⑥ シャ	[ɕ]	無声	歯茎硬口蓋	摩擦音
12.	⑥ ジャ	[ʑ]	有声	歯茎硬口蓋	摩擦音
13.	⑦ ヒャ	[ç]	無声	硬口蓋	摩擦音
14.	⑦ （ヤ）	[ʝ]	**有声**	硬口蓋	摩擦音
15.	⑧ （ハ）	[x]	無声	軟口蓋	摩擦音
16.	⑧ （ガ）	[ɣ]	有声	軟口蓋	摩擦音
17.	⑩ ハ	[h]	無声	声門	摩擦音
18.	⑲ （ア）	[ɦ]	**有声**	声門	摩擦音

5.4、5.5、5.6　確認問題

1

1.	ツァ	[ts]	無声	歯茎	破擦音
2.	ヅァ	[dz]	有声	歯茎	破擦音
3.	（チャ）	[tʃ]	無声	**後部歯茎**	破擦音
4.	（ヂャ）	[dʒ]	有声	**後部歯茎**	破擦音
5.	チャ	[tɕ]	無声	歯茎硬口蓋	破擦音
6.	ヂャ	[dʑ]	有声	歯茎硬口蓋	破擦音

2

ラ	[ɾ]	有声	**歯茎**	はじき音

3

（ラ）	[r]	有声	**歯茎**	ふるえ音

4

（ラ）	[l]	有声	**歯茎**	側面接近音

5

1.	ヤ	[j]	有声	硬口蓋	接近音（半母音）
2.	ワ	[ɰ]	有声	軟口蓋	接近音（半母音）

3.（^ウワ）［w］　有声　両唇軟口蓋　接近音（半母音）

【第6章】
確認問題
①音素　②//　③対立　④ミニマルペア　⑤異音

【第8章】
確認問題
①逆さ言葉　②しりとり　③拍（モーラ）　④単音　⑤等時性　⑥三つ　⑦特殊音素
⑧音節　⑨二つ

語	身長	血管	給付金	スフォルツァンド	ピッチカート
拍数	4	4	5	6	6
	シ・ン・チョ・ー	ケ・ッ・カ・ン	キュ・ー・フ・キ・ン	ス・フォ・ル・ツァ・ン・ド	ピ・ッ・チ・カ・ー・ト
音節数	2	2	3	5	4
	シン/チョー	ケッ/カン	キュー/フ/キン	ス/フォ/ル/ツァン/ド	ピッ/チ/カー/ト

【第9章】
9.4　確認問題
①無声軟口蓋破裂音［k］　②口蓋化　③声帯振動　④有声軟口蓋破裂音［g］
⑤鼻濁音（ガ行鼻音）　⑥有声軟口蓋鼻音［ŋ］　⑦有声軟口蓋摩擦音［ɣ］

9.4　聴解問題
練習1　1：b　2：a　3：a　4：b　5：b
練習2　1、4、5、7、9
練習3　1：a　2：b　3：a　4：a　5：b
練習4　2、4、7、8、10
練習5　1回目　1［ŋ］　2［ɣ］　3［g］　4［ŋ］　5［ɣ］　6［g］　7［ŋ］　8［ɣ］
　　　　2回目　1［g］　2［ŋ］　3［ɣ］　4［g］　5［ŋ］　6［g］　7［ɣ］　8［ŋ］

9.5　確認問題
①無声歯茎摩擦音（［s］）　②口蓋化　③硬口蓋　④無声歯茎硬口蓋摩擦音（［ɕ］）　⑤無声歯茎破裂音（［t］）　⑥破擦音　⑦無声歯茎破擦音（［ts］）　⑧無声歯茎硬口蓋破擦音（［tɕ］）　⑨声帯振動（声）　⑩有声歯茎破裂音（［d］）　⑪撥音（ン）、促音（ッ）の直後以外の語中（母音間）　⑫撥音（ン）、促音（ッ）の直後および語頭（ポーズのあと）　⑬有声歯茎摩擦音（［z］）　⑭有声歯茎破擦音（［dz］）　⑮有声歯茎硬口蓋摩擦音（［ʑ］）　⑯有声歯茎硬口蓋破擦音（［dʑ］）

9.5 聴解問題
練習1　1：b　2：b　3：a　4：b　5：a
練習2　1：b　2：b　3：a　4：a　5：b
練習3　1、3、6、8、9
練習4　1：a　2：b　3：a　4：a　5：b
練習5　2、4、6、7、10

9.6 確認問題
①有声歯茎鼻音（[n]）　②口蓋化　③有声歯茎硬口蓋鼻音（[ɲ]）

9.7 確認問題
①無声声門摩擦音（[h]）　②前舌　③硬口蓋　④無声硬口蓋摩擦音（[ç]）
⑤無声両唇摩擦音（[ɸ]）

9.7 聴解問題
練習1　1：a　2：a　3：b　4：b　5：a
練習2　1：a　2：b　3：b　4：a　5：b
練習3　1：b　2：b　3：a　4：a　5：a

9.8 確認問題
①無声両唇破裂音（[p]）　②声帯振動（声）　③有声両唇破裂音（[b]）　④口蓋化　⑤硬口蓋
⑥有気音　⑦有声両唇摩擦音（[β]）

9.8 聴解問題
練習1　1：b　2：b　3：a　4：b　5：a
練習2　3、4、6、7、10

9.9 確認問題
①有声両唇鼻音（[m]）　②口蓋化　③硬口蓋

9.10 確認問題
①有声歯茎はじき音（[ɾ]）　②口蓋化　③有声歯茎はじき音（[ɾʲ]）　④有声歯茎側面接近音（[l]）
⑤有声歯茎ふるえ音（[r]）

9.10 聴解問題
練習1　1：b　2：a　3：a　4：b　5：b
練習2　1：a　2：b　3：a　4：b　5：a

9.11　確認問題

①有声硬口蓋接近音（半母音）（[j]）　②前舌狭母音（[i]）　③有声軟口蓋接近音（半母音）（[ɰ]）
④後舌狭母音（[ɯ]）　⑤後舌狭母音（[u]）　⑥有声両唇軟口蓋接近音（半母音）（[w]）
⑦二重調音

9.11　聴解問題

練習1　1：b　2：a　3：a　4：b　5：a

9.12　確認問題

①口蓋化　②「ア/a/、ウ/u/、オ/o/」　③歯茎硬口蓋摩擦音（[ɕ]）　④［ɕa　ɕɯ　ɕo］　⑤［pʲi］
⑥［pʲa　pʲɯ　pʲo］　⑦有声軟口蓋接近音（半母音）[j]　⑧［pʲja　pʲjɯ　pʲjo］　⑨［pi］
⑩［pja　pjɯ　pjo］　⑪［k］［g］　⑫［p］［b］［m］　⑬［r］

【第10章】

10.2、10.3　確認問題

問題1

①次の音の調音を準備　②鼻腔に声を伴った息を通す　③鼻音　④破裂音　⑤破擦音　⑥次の音と
同じ調音点の鼻音　⑦ア　⑧ヤ・ワ　⑨サ・ハ　⑩鼻母音　⑪有声口蓋垂鼻音（[ɴ]）　⑫有声軟
口蓋鼻音（[ŋ]）

問題2

［m］　（1、8、15、16）

［n］　（9、11、17、23、25）

［ɲ］　（2、3、10、12、20、24）

［ŋ］　（5、7、13、18、22）

［ɴ］　（4、6、14、19、21）

10.5、10.6　確認問題

問題

①次の音を準備　②無声　③破裂音　④破擦音　⑤調音点　⑥摩擦音　⑦調音点　⑧調音法

10.8　確認問題

問題

①前の拍の母音　②長母音　③[:]　④トウ　⑤トオ

【第11章】

11.1〜11.6　確認問題

問題1

①声帯振動　②有声　③無声音　④無声化　⑤狭い　⑥イ/i/（[i]）　⑦ウ/u/（[ɯ]）　⑧ス　⑨ト

⑩（ウ）[ɯ] ⑪シ ⑫（イ）[i] ⑬カサタハパ ⑭イ ⑮ウ ⑯キクシスチツヒフピプ
⑰シュ ⑱フィ

問題2 無声化する可能性がある拍を語中は□、語末は＿で示す。

1 書き下し（カ[キ]クダ[シ]） 2 薬指（[ク]スリユビ） 3 押し詰める（オ[シ]ツメル）
4 健やか（[ス]コヤカ） 5 新築祝い（シン[チ]クイワイ） 6 五月晴れ（サ[ツ]キバレ）
7 引き算（[ヒ]キザン） 8 節穴（[フ]シアナ） 9 分泌物（ブン[ピ]ツブツ）
10 満腹度（マン[プ]クド） 11 宿題（[シュ]クダイ） 12 オ[フィ]ス

聴解問題

練習1 1：b 2：a 3：a 4：a 5：b
練習2 1回目：ピカリとひかったためを[し]、プカリとタバコをふか[し]たあい[つ]。
　　　 2回目：[ピ]カリと[ひ]かったためをし、[プ]カリとタバコをふか[し]たあいつ。

11.7、11.8　確認問題

①有声軟口蓋破裂音［g］ ②有声軟口蓋摩擦音［ɣ］ ③有声軟口蓋鼻音［ŋ］ ④外来語 ⑤5

【第12章】

確認問題

①語 ②相対 ③高さ ④2 ⑤拍 ⑥1拍目 ⑦2拍目 ⑧特殊音素／撥音・引く音・促音 ⑨高
⑩連続 ⑪弁別 ⑫統語 ⑬アクセント核 ⑭平板 ⑮起伏 ⑯尾高 ⑰頭高 ⑱中高 ⑲n＋1
⑳特殊音素 ㉑連続した母音 ㉒無声化

聴解問題

練習1

1 マダ 2 マダ 3 マダ 4 サル 5 ブタ
6 ネコ 7 イヌ 8 シシ 9 ウマ 10 クマ

練習2

1 カラダ 2 カラダ 3 カラダ 4 カラダ 5 カラダ
6 カラダ 7 カラダ 8 テレビ 9 デンワ 10 ビデオ

練習3

1 タマノリ 2 タマノリ 3 タマノリ 4 タマノリ
5 タマノリ 6 タマノリ 7 タマノリ 8 タマノリ
9 タマノリ 10 タマノリ 11 タマノリ 12 タマノリ
13 タマノリ 14 タマノリ 15 タマノリ
16 ラクテンカ 17 ホシブドー 18 ウデクラベ

19　コークーキ　　20　エーブンカ

21　ガクエントシ　　22　コーリザトー　　23　ユニバーサル

24　ムカシバナシ　　25　ブラックホール　　26　ジリッシンケー

27　カツオノエボシ　　28　カンカンオドリ

29　キタノマンドコロ　　30　イチレンタクショー

31　オキアガリコボシ　　32　ヒャクハチボンノー

【第 13 章】

①イントネーション　②プロミネンス　③リズム

【総合練習】

練習 1　　　　　　　　　　　　違いがあった拍を□で示します。

1	リャ	[ɾ] [r] (c)	コウリャク
2	リュ	[lʲ] [rʲ] (c)	コウリュウ
3	ジャ	[z] [dʑ] (c)	ジャコウ
4	シュ	[ɯ] [ɯ̥] (a)	シュサイ
5	シ／スィ	[ɕ] [s] (b)	シーサイド／スィーサイド
6	ジョ	[dʑ] [z] (c)	クジョウ
7	チ／ティ	[tɕ] [t] (b, c)	チームメイト／ティームメイト
8	ギュ	[ɣ] [g] (c)	モウギュウ
9	ファ	[ɸ] [f] (b)	ファッション
10	キュ	[u] [ɯ] (e)	キュウカーブ

練習 2

1	ガ	[g] [ɣ] (c)	リコウガクブ
2	ブ	[ß] [b] (c)	リコウガクブ
3	リ	[rʲ] [lʲ] (c)	リコウガクブ
4	ソ	[s] [0] (b)	ソツギョウ
5	ギョ	[ŋʲ] [gʲ] (c)	ソツギョウ
6	シ	[i] [i̥] (a)	シテイマス
7	イ	[y] [i] (e)	イッテンノ
8	ゼ	[dʑ] [z] (c)	ゼッタイ
9	カ	[k] [kʰ] (d)	カッテ
10	キ	[i] [i̥] (a)	タキシード

練習 3

| 1回目 | 1 [kʰore] | 2 [dʑibɯn] | 3 [ŋakɯtekʲi] | 4 [ɲihoŋɡo] | 5 [kʲikɯ] |

| 2回目 | 1 [kore] | 2 [zißɯn] | 3 [ɡakɯtekʲi] | 4 [ɲiɸoŋŋo] | 5 [kʲikɯ̥] |

練習 4

1　①②③④⑤

2　①②③④⑤⑥

3　①②③④⑤⑥

4　①②③④⑤⑥

5　①②③④⑤⑥⑦

6　①②③④⑤⑥⑦

7　①②③④⑤⑥⑦

8　①②③④⑤⑥⑦⑧

9　①②③④⑤⑥⑦⑧

10　①②③④⑤⑥⑦⑧⑨

参考文献

まず本書の記述に際し、その記述方法などを含め基本的に参考にした三冊の文献をあげます。そのあと記述に使用したレファレンス、引用文献をあげます。ただし品切れ（絶版）になっているものもあるので、そのあと、手に入れやすい最近の書籍を中心に文献を紹介します。

『日本語音声概説』（川上蓁　桜楓社　1977）

日本語音声に関する精密な観察に基づいた正確な記述が見られます。そのうえ「日本語の音声についてごく基本的なことを説明しようとするものである」という前書きどおり、全く音声の本を読んだことがない人が読むのにも適しています。

『日本語の音　音声学と音韻論』（城田俊　ひつじ書房　1993；テキスト版　1995）

詳細な日本語の音声の観察が音声を考える手段と音韻的な考慮の背景を元にともに示され、そのあと日本語の音素決定の厳密な議論と手順が見られます。古典的とする見方もあるでしょうが、音声そして音韻を学術的に学ぶ基礎としては読んでおきたいものです。

『英語音声学』（竹林滋　研究社　1996）

タイトルは『英語音声学』ですが、本書の「第1部　一般音声学（pp. 1-174）」は詳細で体系的であり、「音声学」のテキストとしておすすめします。日本語の音声に関しても詳しく触れられており、索引も充実しています。

■レファレンス

『NHK日本語発音アクセント新辞典』（NHK放送文化研究所・編　2016）

アクセントや母音の無声化など日本語の音声に関する基本的なレファレンスです。2016年の改定をめぐって『放送研究と調査』に掲載された報告がネットでも公開されているのでぜひ目を通してください。

『NHK日本語発音アクセント辞典』（NHK放送文化研究所・編　1998）

前掲書の一つ前の版ですが、音声に関する解説はこちらの方が充実しており、共通語のみならず方言を含めた詳細な説明があります。

『NHKことばのハンドブック第2版』（NHK放送文化研究所編　NHK出版　2005）

ことばづかい以外にも音声に関して外来語や数字の読み方を含め、コラムなどでも本書でも触れたさまざまな現象がわかりやすく書かれています。

『音声学基本事典』（城生佰太郎他編著　勉誠出版　2011）

日本語を含め音声学に関してはこの事典が基本的な参考になります。

『言語語学大辞典　第 6 巻　術語編』（亀井孝他編著　三省堂　1996）

　術語以外の世界のさまざまな言語の音声に関する情報は、同編者による『言語学大辞典（第 1 巻〜第 4 巻：世界言語編、第 5 巻：補遺・言語名索引編　1988-1993』が参考になります。

『国際音声記号ガイドブック』（竹林滋・神山孝夫訳　国際音声学会編　大修館書店　2003）

『日本語百科大辞典』（金田一春彦他［編集責任］　大修館書店（縮刷版あり）　1988）

『日本国語大辞典　第 2 版　全 12 巻　別巻　漢字索引・方言索引・出典一覧』（日本国語大辞典第二版編集委員会　小学館　2000-2）

『現代日本方言大辞典　全 8 巻　補巻 1』（平山輝男他編　明治書院　1994）

■主要参考文献・論文

窪薗晴夫監修　田中真一・窪薗晴夫『日本語の発音教室』くろしお出版　1999

土岐哲・村田水恵「発音・聴解（外国人のための日本語例文・問題シリーズ；12)」荒竹出版　1989

岡倉由三郎『発音学講話』宝永館書店　1901　※原書は『發（發の下の「殳」が「矢」）音學講話』寶永館書店

久野マリ子「高校生の「全員」「原因」「店員と定員」の発音と意識」『國學院雑誌　第 119 巻　第 11 号』國學院大学　2018

Catford, J. C. *A Practical Introduction to Phonetics*. Oxford University Press, 1988

Поливанов Е. Д. Музыкальное ударение в говоре Токио Изв. Имп. Акад. наук, 1915

Поливанов Е. Д. О. В. Плетнером. Грамматика японского разговорного языка М., 1930

Рыбин, И. И., Фонетика японского языка, Санкт-Петербург ГИПЕРИОН, 2012

Щерба, Л. В., Русские гласные в качественном и количественном отношении Л., 1983

Якобсон, Р., К характеристике евразийского языкового союза «Selected Writings» I , The Hague, Paris 1971

■この本を読んだ方、読んでいる方にはまず最初に以下の本をおすすめします。

『日本語音声学入門　改訂版』（斎藤純男　三省堂　2006）

　音声記号の説明が詳しく、NHK の講座にあるような代表的な外国語の音声にも触れています。巻末にはインターネットのアドレスなどの紹介を含めて参考文献が充実しており、レファレンスとしても最適です。

『日本語教育よくわかる音声』（松崎寛・河野俊之　アルク　2018）

　聞き取り練習も多く、外国人学習者への教え方なども含めた非常に広い範囲をわかりやすくコンパクトにまとめてあります。特に日本語教師を目指す人にはおすすめです。

『日本語アクセント入門』（松森晶子他編著　三省堂　2012）

　日本語のアクセントのしくみと成り立ちを練習問題・コラムなどを通じて学ぶことができます。複合語や方言などにも触れており、アクセントに興味がある場合はこれをおすすめします。

　以下、大まかに分類して最近の和書をあげます。手にとって自分にあった本を探して、どんどん読んでください。ここではあげなかった論文や洋書などの詳細はそれぞれの本の参考文献をご覧ください。

■音声学・日本語の音声

『基礎から学ぶ　音声学講義』（加藤重広・安藤智子　研究社　2016）

『ビジュアル音声学』（川原繁人　三省堂　2018）

『「あ」は「い」より大きい⁉　音象徴で学ぶ音声学入門』（川原繁人　ひつじ書房　2017）

『音声研究入門』（今石元久　和泉書院　2005）

『実践音声学入門』（J. C. キャットフォード著　竹林滋・設楽優子・内田洋子訳　大修館書店　2006）

『日本語音声学のしくみ』（猪塚元・猪塚恵美子　研究社　2003）

『ゼロからはじめる音響学』（青木直史　講談社　2014）

『音声学を学ぶ人のための Praat 入門』（北原真冬他　ひつじ書房　2017）

■日本語教育

『日本語教師のための TIPS77③　音声教育の実践』（河野俊之　くろしお出版　2014）

『日本語教師のための音声教育を考える本』（小河原義朗・河野俊之　アルク　2009）

『日本語教育の音声』（城生伯太郎　勉誠出版　2012）

『日欧比較音声学入門』（神山孝夫　鳳書房　1995）

■音韻

『現代言語学入門 2　日本語の音声』（窪薗晴夫　岩波書店　1999）

　音声の説明はもちろんですが、この本ではあまり触れられなかった連濁や複合語のアクセントなど日本語のさまざまな音声（音韻）現象に関して、例や練習問題を通じて説明してあります。

『日常言語に潜む音法則の世界』（田中伸一　開拓社　2009）

　日本語を中心とした分析を通じて、音韻的な考え方の発展を概観しながら、最新の音韻理論（最適性理論）までを知ることができます。

『音声・音韻探究法　日本語音声へのいざない』（湯澤質幸・松崎寛　朝倉書店　2004）

索 引

猪塚　元

言語学修士。
上智大学大学院外国語学研究科言語学専攻博士前期課程修了。
現在、東邦大学他講師。
専門は言語学、日本語学、音声学、ロシア語。
主な著書・論文に
『日本語音声学のしくみ』（共著、研究社）、
『Japanese Now』（共著、荒竹出版）、
『発音としての仮名表記』（國學院雑誌）、
『辞書におけるコロケーションの記述について』（情報処理振興事業協会）ほか多数。
江戸っ子3代目。生まれ育ちは東京タワーのすぐ近く。趣味は読書とそれに伴う古書収集、音楽鑑賞とそれに伴う楽譜（特に自筆譜のファクシミリ版）の収集、オーディオなど。クラヴィコードを手に入れて練習中。

猪塚恵美子

博士（言語学）。
上智大学大学院外国語学研究科言語学専攻博士後期課程単位取得退学。
専門は音声学、ドイツ語。主な著書・論文に
『Grundzüge der Intonation』（Gunter Narr Verlag）、『日本語音声学のしくみ』（共著、研究社）、『音声記号をめぐる諸問題—音声表記はどこまで客観的か—』（國學院雑誌）、『IPA使用実例の解説：ドイツ語』（共著、音声学会会報）、『字がうまくなる「字配り」のすすめ』（新潮新書）、『人生がガラリ変わる！ 美しい文字を書く技術』（講談社α新書）、『美人文字で書く愛・癒し・感謝の名言』（講談社の実用BOOK）ほか多数。趣味は空手（初段）、歌舞伎鑑賞、ペン字、猫。人生の目標は日がな一日、猫と共に寝て暮らすこと。

「2008年逝去」

日本語教師トレーニングマニュアル①
日本語の音声入門　解説と演習＜新版＞
　　　　発行日　2022年5月20日　第1刷
　　　　　　　　2024年4月1日　第2刷

　　著　者　猪塚元　猪塚恵美子
　　　　　　©Hajime & Emiko Inozuka
　　発行人　湯浅美代子
　　発行所　バベルプレス
　　　　　　〒180-0003
　　　　　　東京都武蔵野市吉祥寺南町2-13-18
　　　　　　email　info@babel.co.jp

　　組版・印刷・製本　大日本法令印刷株式会社
　　製幀　　　バベル装幀室
　　ISBN978-4-89449-178-6